中国激光产业
国际竞争力与产业链创新

江 洪 叶 茂 章日辉 等 著

科学出版社
北京

内 容 简 介

本书在深入系统地分析区域竞争力、企业竞争力、产业链创新和国际竞争力等理论方法的基础上，建立具有原创性的从技术链到产业链、从国家到地区的激光产业技术创新评价体系。在此基础上，本书基于丰富翔实的多年、多类型数据开展比较研究，客观反映中国激光产业的国际竞争力和区域产业链创新能力，刻画出中国激光产业现状与发展态势，最后分析中国激光产业发展所面临的若干问题，并提出若干推动中国激光产业发展的建议。

本书可供从事与激光产业相关的政府管理人员、政策研究人员、企业管理人员和从事激光产业技术创新活动的科技人员，以及产业竞争力和产业链创新的研究者参考阅读，也可供经济、产业和科技管理等相关专业的高校师生参考阅读。

图书在版编目(CIP)数据

中国激光产业：国际竞争力与产业链创新 / 江洪等著. —北京：科学出版社，2022.11
ISBN 978-7-03-073638-3

Ⅰ. ①中⋯ Ⅱ. ①江⋯ Ⅲ. ①激光产业－产业发展－研究－中国 Ⅳ. ①F426.63

中国版本图书馆 CIP 数据核字（2022）第 201287 号

责任编辑：邵 娜 李亚佩 / 责任校对：高 嵘
责任印制：彭 超 / 封面设计：无极书装

科学出版社 出版
北京东黄城根北街 16 号
邮政编码：100717
http://www.sciencep.com

武汉市首壹印务有限公司 印刷
科学出版社发行 各地新华书店经销

*

2022 年 11 月第 一 版　　开本：787×1092　1/16
2022 年 11 月第一次印刷　　印张：8 3/4
字数：207 000
定价：98.00 元
（如有印装质量问题，我社负责调换）

《中国激光产业：国际竞争力与产业链创新》撰写组

组　长：江　洪
副组长：叶　茂　章日辉
成　员：（按姓氏汉语拼音排序）
　　　　曹　晨　胡思思　江　洪　刘美蓉
　　　　刘义鹤　孙　源　叶　茂　章日辉

前　言

激光技术是探索开发各种产生激光的方法以及探索应用激光的特性为人类造福的技术的总称。自 1960 年美国研制成功世界上第一台红宝石激光器，激光技术就被认为是继量子物理学、无线电技术、原子能技术、半导体技术、电子计算机技术之后的又一重大科学技术新成就。60 多年来，激光技术的发展突飞猛进，不仅推动着前沿基础学科的发展，而且为人类提供了新的工具、新的装备，孕育新的产业；不仅多种多样的激光器不断涌现，而且激光应用领域不断拓展，因此激光技术已经成为当今高新技术革命的"带头技术"之一，已经成为国家创新能力和核心竞争力的关键之一。纵观当前国际形势，在国与国之间的经济发展与产业竞争中激光产业的身影无处不在：制造芯片、生产飞机要用激光；制造激光武器，维护国家安全要用激光；发展高端医疗，保证人民健康也要用激光。我国于 1961 年研制成功国产首台红宝石激光器，多年来激光产业已经有了较大发展，但总体来说，我国激光产业的上游、中游、下游等许多关键领域仍受制于人，要把关键核心技术掌握在自己手中就需要对我国的激光产业发展有全面客观准确的认识。一直以来，决策部门和产业界对激光产业的研究主要集中在产业市场和产业技术方面，而从国际竞争力和产业链创新的角度研究中国激光产业还是一个新的方向。

本书从激光产业技术创新的实际情况出发，分析激光产业基本情况，借鉴产业国际竞争力评价指标体系和区域产业创新体系的评价方法，构建适合激光产业的国际竞争力和产业链创新能力两类评价指标，并基于丰富翔实的国家、区域、技术、企业、产业等各类数据，展开比较评价研究，全面刻画我国激光产业的国际竞争力和不同区域的产业链创新能力，同时系统描述我国激光技术和产业的创新发展态势，并根据研究成果分析我国激光产业发展面临的问题，对我国激光产业的发展提出若干建议。

本书写作意图及价值实现有两个：一是进行理论创新，实现学术价值。本书突破一般性的市场研究和技术研究，从激光产业创新的实际情况出发，尝试构建适合于评价激光产业的国际竞争力和产业链创新能力两类评价指标，完善对激光产业创新体系研究的理论。二是系统且客观地刻画我国激光产业发展现状与态势，实现应用价值。本书以期对我国激光产业进行深度客观地研究，为我国开展激光产业的顶层规划设计，加快产业技术的应用和高质量创新，实现产业链"补链强链"以及区域各类创新要素的协同发展提供数据支撑和参考，也为区域宏观发展、行业中观研究、企业微观决策提供数据支撑和参考。

本书作者团队在激光产业情报跟踪、激光产业发展研究以及战略规划方面耕耘十余年，连续多年公开发表客观权威的产业发展报告，并在此基础上完成了本书的撰写。本书的特点如下：①指导思想明确。本书作者正确理解激光技术与激光产业发展的现实与趋势，既研究激光产业的国际竞争力和产业链创新能力的评价体系，又系统研究我国激光产业的国际竞争力和区域的产业链创新发展态势，系统描述我国激光产业的创新发展态势，具有较好的学术价值和实践指导意义。②数据丰富且翔实。本书主要数据来源于作者团队多年积累，既包括文献、专利、研究报告等文本型数据，又包括行业分析、企业年报、政府统计等数值型数据，还包括专家调查、企业调查、产品调查等一手调研数据。数据来源于各种官方机构，确保数据的准确、翔实。③研究视角新颖，研究方法严谨。本书在构思上突破一般性激光产业的市场研究和技术研究等传统方向，从国际竞争力和产业链创新能力的角度来审视我国激光产业的发展状况，以理论研究为基础，以数据分析为核心，从而更加客观地反映我国激光产业的现实与未来。通过综合分析方法，坚持定性分析与定量分析相结合、宏观分析与微观分析相结合、理论模型与实证分析相结合，运用预测分析和数学模型、专项指标研究等手段，保证研究体系的完整性、研究过程的严谨性和研究结果的科学合理性。

"十四五"期间，我国将聚焦科技自立自强，打好产业基础高级化和产业链现代化攻坚战，实施关键核心技术攻关工程，着力突破"卡脖子"技术瓶颈。激光产业作为新兴的高技术产业，以及关键的国家创新能力和核心竞争力之一，更需要不断完善自主可控的产业链，打牢核心基础零部件及元器件、关键基础软件、关键基础材料、先进基础工艺等基础工作，更需要统筹"补短板、锻长板"，实现产业链"补链强链"以及区域各类创新要素的协同发展，从而不断提高产业链和供应链的稳定性和韧性。本书对我国激光产业的全面分析以及对其国际竞争力和产业链创新的研判，对我国激光产业的发展无疑有重要的参考价值。因此，可以说本书的出版恰逢其时。正如中国科学院院士、发展中国家科学院院士徐红星先生所评价的："该书的出版有助于激光相关领域的学者、政策制定者了解和掌握激光行业的发展趋势，找准发展差距，制定对应政策。"当然由于激光产业发展迅速，评价激光产业的国际竞争力和产业链创新能力也十分复杂，本书作为一项新的研究尝试，不足和缺憾在所难免，我们也希望在今后的研究中不断完善。

江　洪

2022 年 1 月 28 日于武汉小洪山

目　录

前言
第1章　激光技术与产业概况 ·· 1
 1.1　激光技术及其应用 ·· 1
  1.1.1　激光技术及发展历程 ···································· 1
  1.1.2　激光技术的主要特点 ···································· 3
  1.1.3　激光技术的应用 ·· 5
 1.2　全球激光产业概况 ·· 6
  1.2.1　激光技术的应用领域不断扩大 ···························· 6
  1.2.2　激光产品销售和利润不断增加 ···························· 6
  1.2.3　激光加工技术水平不断提高 ······························ 7
 1.3　中国激光产业概况 ·· 7
  1.3.1　国家政策大力支持 ······································ 7
  1.3.2　市场需求保持旺盛 ······································ 8
  1.3.3　区域布局各有侧重 ······································ 8
  1.3.4　核心技术仍需可控 ······································ 9
 1.4　研究意义与目的 ·· 9
 1.5　数据来源 ··· 10
第2章　产业国际竞争力评价指标体系构建 ····························· 11
 2.1　产业国际竞争力的概念与内涵 ································· 11
  2.1.1　国际竞争力的内涵 ····································· 11
  2.1.2　产业国际竞争力的概念 ································· 12
 2.2　产业国际竞争力评价指标体系研究进展 ························· 13
  2.2.1　理论基础 ··· 13
  2.2.2　研究进展 ··· 13
 2.3　激光产业国际竞争力评价指标体系构建 ························· 16
第3章　中国激光产业国际竞争力评价 ································· 18
 3.1　生产竞争力 ··· 18
  3.1.1　产业规模 ··· 18
  3.1.2　企业规模 ··· 20
  3.1.3　人力规模 ··· 23
 3.2　市场竞争力 ··· 26
  3.2.1　产品竞争力 ··· 26

3.2.2　盈利能力 ··· 31
 3.3　创新竞争力 ·· 36
　　3.3.1　研发投入 ··· 36
　　3.3.2　科技产出 ··· 44
 3.4　综合评价 ··· 51

第4章　产业链创新能力评价指标体系构建

 4.1　产业链创新的概念与内涵 ·· 53
　　4.1.1　产业链和创新 ··· 53
　　4.1.2　产业链创新的概念 ·· 53
 4.2　产业链创新能力评价指标体系研究进展 ·································· 54
　　4.2.1　理论基础 ··· 54
　　4.2.2　研究进展 ··· 54
 4.3　激光产业链创新能力评价指标体系构建 ·································· 56
　　4.3.1　指标体系设计原则 ·· 56
　　4.3.2　指标体系构建 ··· 57
　　4.3.3　评价指标构建 ··· 58
　　4.3.4　评价指标调整和权重设置 ·· 60
 4.4　评价方法的选择 ·· 61

第5章　中国激光产业链创新能力评价模型及计算

 5.1　层次分析法 ·· 62
　　5.1.1　模型原理 ··· 62
　　5.1.2　模型计算 ··· 62
 5.2　熵权法 ··· 63
　　5.2.1　模型原理 ··· 63
　　5.2.2　模型计算 ··· 64
 5.3　层次分析法-熵权法组合模型 ··· 65
　　5.3.1　模型原理 ··· 65
　　5.3.2　模型计算 ··· 66

第6章　中国激光产业链创新能力分析与评价

 6.1　地区综合排名 ··· 68
 6.2　创新资源投入 ··· 68
　　6.2.1　人力资源投入 ··· 69
　　6.2.2　物质资源投入 ··· 73
　　6.2.3　资金资源投入 ··· 75
　　6.2.4　知识资源投入 ··· 80
 6.3　创新成果产出 ··· 83
　　6.3.1　产品产出 ··· 84
　　6.3.2　知识产出 ··· 86

6.4 产业关联及结构 90
6.4.1 产业聚集程度 91
6.4.2 产业链结构 93
6.5 科技转化平台 97
6.5.1 科技成果转化 98
6.5.2 科技中介机构 101
6.6 创新环境支撑 105
6.6.1 政策环境 106
6.6.2 文化环境 107

第7章 中国激光产业的未来发展 110
7.1 中国激光产业发展的国际环境 110
7.1.1 美国对中国高技术发展的遏制 110
7.1.2 日本配合美国开始实施经济安全政策 112
7.1.3 欧盟应对地缘政治、经贸摩擦和产业技术变革的行动 114
7.2 中国激光产业竞争力提升的关键问题 115
7.2.1 原始创新能力依然薄弱 115
7.2.2 企业科研实力有待提升 116
7.2.3 成果转移转化效率不高 116
7.2.4 关键核心人才缺乏 117
7.3 中国激光产业竞争力提升的对策与建议 117
7.3.1 国家层面：加强顶层设计 117
7.3.2 技术层面：持续提升原始创新能力 117
7.3.3 产业层面：完善全产业链技术布局 118
7.3.4 企业层面：加快培育世界一流企业 118
7.3.5 区域层面：建设区域产业链集群 119
7.3.6 人才层面：创新人才招引、培养和评价模式 119

参考文献 120
附录 123

第1章 激光技术与产业概况

1.1 激光技术及其应用

1.1.1 激光技术及发展历程

激光是 20 世纪以来继核能、电子计算机、半导体之后，人类的又一重大发明，被称为"最快的刀""最准的尺""最亮的光"[1]。英文名 Light Amplification by Stimulated Emission of Radiation，意思是"通过受激辐射而放大发出的光"，也就是原子受激辐射的光，故名"激光"。激光的英文全名已经完全表达了制造激光的主要过程：原子中的电子吸收能量后从低能级跃迁到高能级，再从高能级回落到低能级的时候，所释放的能量以光子的形式放出。被引诱（激发）出来的光子束（激光）的光子光学特性高度一致，因此激光相比普通光源具有亮度更高、方向性好、单色性好、相干性好的特点。

激光的原理早在 1916 年已被著名的物理学家爱因斯坦（Einstein）发现。1917 年，爱因斯坦在《关于辐射的量子理论》论文中提出：除自发辐射外，处于高能级 E_2 上的粒子还可以另一种方式跃迁到较低能级。他指出当频率为 $\nu = (E_2-E_1)/h$ 的光子入射时，也会引发粒子以一定的概率迅速地从能级 E_2 跃迁到能级 E_1，同时辐射两个与外来光子频率、相位、偏振态以及传播方向都相同的光子，这个过程称为受激辐射[2]。爱因斯坦提出了一套全新的技术理论"光与物质相互作用"，即在组成物质的原子中，有不同数量的粒子（电子）分布在不同的能级上，高能级上的粒子受到某种光子的激发，会从高能级跳到（跃迁到）低能级上，这时将会辐射出与激发它的光相同性质的光，而且在某种状态下，能出现一个弱光激发出一个强光的现象。这就叫作"通过受激辐射而放大发出的光"，简称激光[3]。

1951 年，美国科学家查尔斯·哈德·汤斯（Charles Hard Townes）在论文《红外和光学激射器》中提出设想，如果用分子替代电子，就可以得到波长足够小的无线电波。因为分子具有各种不同的振动形式，有些分子的振动正好和微波波段范围的辐射相同。他们研究的问题是如何将这些振动转变为辐射。以氨分子（NH_3）为例，在适当的条件下，它每秒振动 240 亿次（24 GHz），有可能发射波长为 1.25 cm 的微波。文章中设想通过热或电的方法，把能量泵入氨分子中，使它们处于"激发"状态。再使这些受激的分子处于具有和氨分子的固有频率相同的微波束中——这个微波束的能量可以是很微弱的。那么一个单独的氨分子就会受到这一微波束的作用，以同样波长的束波形式放出它的能量，这一能量又作用于另一个氨分子，使它也放出能量。这个很微弱的入射微波，相当于从塔底根基处抽掉一块，形成雪崩效应，最后就会产生一个很强的微波束。最初用来激发分子的能量就全部转变为一种特殊的辐射[4]。

1953年12月,美国科学家查尔斯·哈德·汤斯(Charles Hard Townes)和阿瑟·伦纳德·肖洛(Arthur Leonard Schawlow)按上述工作原理制作成了一个装置,产生了所需要的微波束。这个过程被称为"受激辐射的微波放大",按其英文的首字母缩写为M.A.S.E.R,并由之造出了单词"maser"[5]。1958年,肖洛和汤斯发现了一种神奇的现象:当他们将氪光灯泡所发射的光照在一种稀土晶体上时,晶体的分子会发出鲜艳的、始终会聚在一起的强光。根据这一现象,他们提出了"激光原理",即物质在受到与其分子固有振荡频率相同的能量激发时,都会产生这种不发散的强光——激光。汤斯也因此获得1964年的诺贝尔物理学奖[3]。

1960年5月15日,美国加利福尼亚州休斯实验室的科学家西奥多·哈罗德·梅曼(Theodore Harold Maiman)宣布获得了波长为0.6943 μm的激光,这是人类有史以来获得的第一束激光,梅曼因此也成为世界上第一个将激光引入实用领域的科学家[3]。1960年7月7日,梅曼宣布世界上第一台激光器诞生,梅曼的方案是:利用一个高强闪光灯管来激发红宝石。由于红宝石是一种掺有铬原子的刚玉,所以当红宝石受到刺激时,就会发出一种红光。在一块表面镀上反光镜的红宝石的表面钻一个孔,使红光可以从这个孔溢出,从而产生一条相当集中的纤细红色光柱,当它射向某一点时,可使其达到比太阳表面还高的温度[6]。同年研究成果发布在《自然》杂志上,宣告20世纪最伟大的发明之一激光器诞生了。

苏联科学家尼古拉·根纳季耶维奇·巴索夫(Николай Геннадиевич Басов)于1960年还发明了半导体激光器。半导体激光器的结构通常由p层、n层和形成双异质结的有源层构成。其特点是尺寸小、耦合效率高、响应速度快、波长和尺寸与光纤尺寸适配、可直接调制、相干性好[7]。

1961年8月,中国第一台激光器——"小球照明红宝石"激光器,在中国科学院长春光学精密机械研究所诞生了。它虽比国外同类型激光器的问世迟了近一年时间,但其在许多方面都有自身的特色,特别是在激发方式上,比国外激光器具有更好的激发效率,这表明我国激光技术当时已达到世界先进水平。这台激光器的设计师是王之江教授,他被称为"中国激光之父"[8]。

1971年,激光进入艺术世界,用于舞台光影效果,以及激光全息摄像。英国籍的匈牙利裔物理学家丹尼斯·加博尔(Dennis Gabor)凭借对全息摄像的研究获得了1971年诺贝尔物理学奖。

1975年,IBM公司投放第一台商用激光打印机。

1983年,美国总统罗纳德·威尔逊·里根(Ronald Wilson Reagan)发表了"星球大战"的演讲,描绘了基于太空的激光武器。

1988年,美国宝丽来公司的埃利亚斯·斯尼泽(Elias Snitzer)和洪波(Hong Po)等最早提出了双包层光纤激光器的构想。

1990年,激光开始用于集成电路和汽车制造为代表的制造业。

1991年,全球最大的光纤激光制造商IPG Photonics(以下简称IPG)由瓦伦丁·加蓬赛夫(Valentin Gapontsev)博士创建,总部设在美国东部的马萨诸塞州。IPG在德国、美国、俄罗斯和意大利设有生产、研发基地，并在全球设有销售和服务网点，覆盖美国、欧洲、印度、日本、韩国、新加坡和中国，并于 2006 年在美国纳斯达克证券交易所上市。

1996 年，大族激光崛起于改革开放的前沿——深圳，并成为中国激光装备行业的领军企业。2001 年 9 月，大族激光顺利完成股份制改造，深圳市大族激光科技股份有限公司成立。2004 年 6 月 25 日，大族激光股票在深圳证券交易所上市。

2008 年，法国神经外科学家使用广导纤维激光和微创手术技术治疗了脑瘤，开创了激光医疗的先河。

2010 年，美国国家核安全管理局表示，通过使用 192 束激光来束缚核聚变的反应原料：氢的同位素氘和氚，解决了核聚变的一个关键困难。

2015 年，中国科学院上海光学精密机械研究所研制的 10 PW（$1\,\text{PW} = 1\times 10^{15}\,\text{W}$）级超强超短激光装置，实现了 1 PW 激光脉冲输出。

2016 年，我国首次实现了"高功率光纤激光器"核心器件全国产化的目标，并基本做到了在我国相关领域应用的全覆盖。

2018 年，激光实现了从超短光到超短超强光的突破。而 2018 年诺贝尔物理学奖授予美国物理学家阿瑟·阿什金（Arthur Ashkin）、法国物理学家杰哈·莫罗（Gérard Mourou）和加拿大物理学家唐娜·斯特里克兰（Donna Strickland），以表彰他们"在激光物理领域内的开创性发明"。啁啾脉冲放大技术是超高峰值功率超短脉冲激光发展的一个重要里程碑，极大地推动了超强超短激光和强场激光物理等研究领域。

图 1.1 是激光技术发展重要时间节点的全景图，初步描绘了激光技术的发展史。

1.1.2 激光技术的主要特点

激光技术具有以下四个主要特点。

一是定向发光。普通光源是向四面八方发光。要让发射的光朝一个方向传播，需要给光源装上一定的聚光装置，如汽车的车前灯和探照灯都是安装有聚光作用的反光镜，使辐射光汇集起来向一个方向射出。激光器发射的激光，是朝一个方向射出的，光束的发散度极小，大约只有 0.001 rad，接近平行。1962 年，人类第一次使用激光照射月球，地球离月球的距离约 38 万 km，但激光在月球表面的光斑直径不到 2 km。若聚光效果很好，看似平行的探照灯光柱射向月球，其光斑直径将覆盖整个月球。

二是亮度极高。在激光发明前，人工光源中高压脉冲氙灯的亮度最高，与太阳的亮度不相上下，而红宝石激光器的激光亮度，能超过氙灯的几百亿倍。因为激光的亮度极高，所以能够照亮远距离的物体。红宝石激光器发射的光束在月球上产生的照度约为 0.02 lx（勒克斯，为光照度的单位），颜色鲜红，激光光斑肉眼可见。若用功率最强的探照灯照射月球，产生的照度只有约 10^{-12} lx，人眼根本无法察觉。激光亮度极高的主要原因是定向发光。大量光子集中在一个极小的空间范围内射出，能量密度自然极高。激光的亮度与阳光之间的比值是百万级的，而且它是人类创造的。

三是单色性好。不同颜色光的波长（或频率）是不同的，而且每一种颜色的光也不

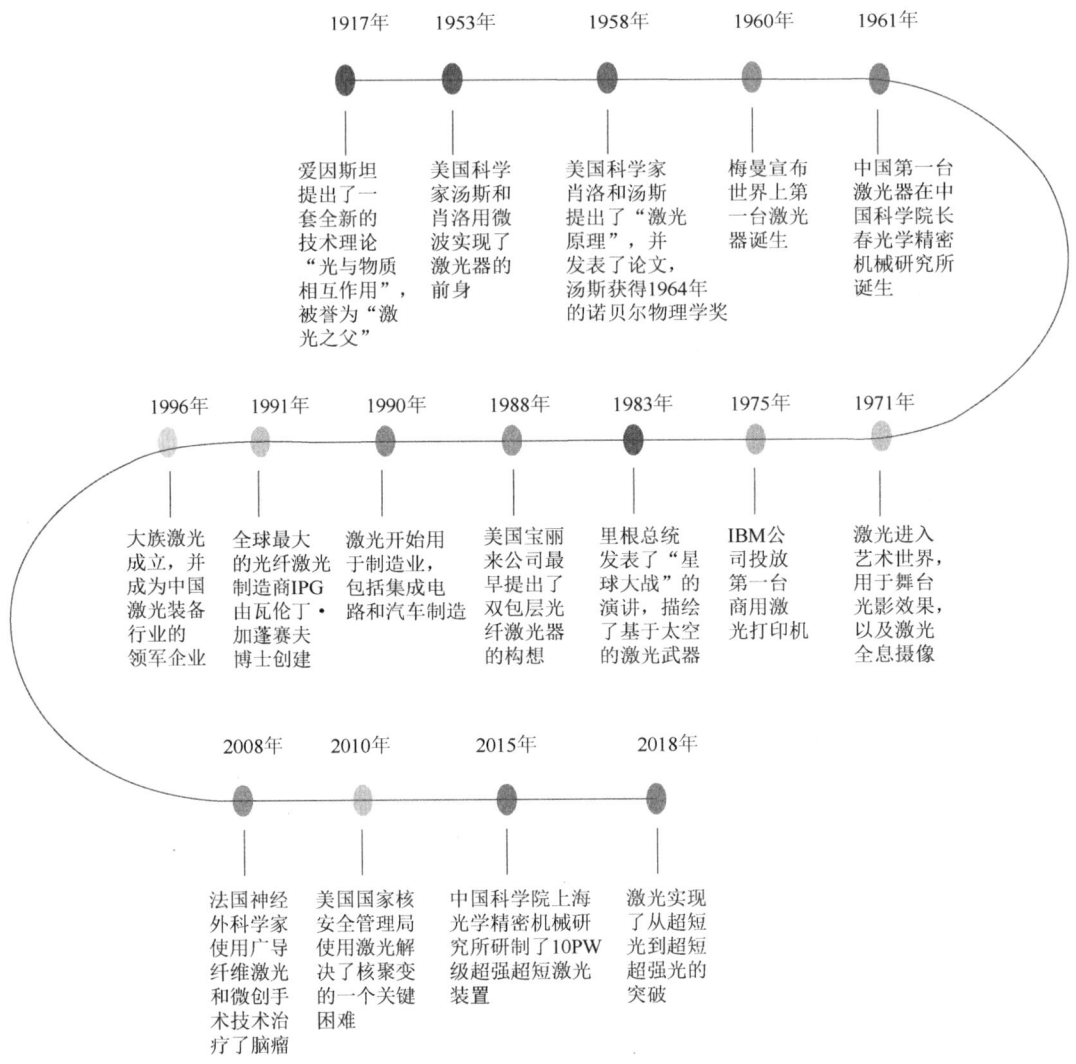

图 1.1 激光技术发展史

是单一的波长,而是有一个波长(或频率)范围,称为谱线宽度。例如,红光的波长范围为 650~760 nm,即谱线宽度Δλ=110 nm。谱线宽度越窄,光的单色性就越好。普通光中单色性最好的是同位素 ^{86}Kr 灯所发出的光,其波长为 605.7 nm,低温时,Δλ=0.0047 Å。氦氖激光器发出的波长为 632.8 nm 的激光,其Δλ可小至 10^{-8} nm,一般为 10^{-5} nm,可见激光具有很好的单色性。

四是相干性好。光的相干性是指两束光相遇时,在相遇区域内发出的波的叠加,能形成比较清晰的干涉图样(即亮暗交替条纹)或能接收到稳定的拍频信号。不同时刻,由同一点发出的光波之间的相干性称为时间相干性。同一时间,由空间不同点发出的光波的相干性称为空间相干性。激光是受激辐射形成的,各个发光中心发出的光波在传播方向、振动方向、频率、相位等方面是完全一致的,因此激光的空间相干性和时间相干性好,谱线宽度窄。

1.1.3 激光技术的应用

由于激光所具有的特殊性质以及激光技术的不断发展，激光技术在各领域都得到了广泛的应用，主要包括工业、信息、医学、商业、科研、军事等。

激光在工业上的应用主要体现在利用激光束与物质相互作用的特性对材料进行加工处理。激光材料加工按激光束对材料的作用效果可以划分为激光材料去除加工、激光材料增长加工、激光材料改性加工、激光材料微细加工以及其他加工。具体方式包括激光切割、激光焊接、激光钻孔、激光雕刻、激光刻蚀、激光熔覆、激光清洗、增材制造、激光微纳制造等。

激光在信息领域的应用主要包括激光通信、激光测量等。激光通信是一种利用激光传输信息的通信方式，按传输媒质主要分为大气激光通信和光纤通信。大气激光通信是将载波光信号通过大气作为传输通道实现点到点的信息传输的通信方式。光纤通信是利用光纤传输光信号的通信方式。大气激光通信和光纤通信多采用半导体激光器作为光源，二者所构成的通信系统分别为无线数字通信系统和光纤通信系统。激光测量是利用激光束对物体进行非接触式测量，不影响被测物体质量和运动方式，具有精度高、测量范围大、检测时间短、空间分辨率高等特点，其应用主要包括激光测距、激光测速、激光跟踪、激光扫描等。激光测量技术现已被广泛应用于智能驾驶、智能物流、智能工厂等领域。

在医学领域，激光从临床诊断、治疗到基础医学研究都有广泛应用，主要包括激光医疗、激光美容、激光诊断等技术应用。激光医疗是利用激光对生物体产生的强烈的热效应、光化学反应、光压、光裂和电磁场各种作用进行临床治疗。激光美容是利用特定波长的激光光束透过表皮层和真皮层，破坏色素细胞和色素颗粒达到皮肤美白的效果，属于强激光治疗的一种。激光诊断是充分利用激光与活体间的作用关系，实现微观组织结构成像，达到提前检测和诊治的目的，主要包括生物超弱发光成像、激光扫描共焦成像、荧光诱导发光、超快激光成像等技术。

激光在商业领域的应用主要包括激光显示、激光照明、激光 3D 打印等。激光显示技术已被广泛应用于商业投影市场，激光投影设备已建立了从光学材料与核心器件、半导体与全固态激光器，到整机集成的完整产业技术链。激光照明光源具有大功率、高亮度、智能控制等优势，在城市景观、舞台剧场、汽车车灯等领域应用广泛。激光 3D 打印服务市场正逐渐打开，通过建立线下 3D 打印服务站和提供线上个性化订制来推广商业服务。此外，激光标记、激光内雕、激光美容设备在商业领域也存在较大的应用市场。

激光在基础科学和前沿科学方面的应用非常广泛，尤其在非线性光学、激光光谱学、激光核聚变、激光生物技术、激光化学技术、量子科学等科研领域，激光显示了独有的强大功用。近几年，以激光拉曼光谱、激光诱导击穿光谱、激光多普勒测速、光遗传学等为代表的新兴前沿方向得到长足发展。

激光技术被用于现代军事与国防，不仅可以提高现有常规武器的命中率，而且可为军队提供新型战术武器，从而大大增强军队在现代战争中的作战能力，其应用涉及激光通信、激光雷达、激光测距、定向能武器、导弹制导、电子对抗等方面。

1.2 全球激光产业概况

从发现激光到激光产业已经经历了百年发展,特别是近10年来激光产业有突飞猛进的发展。

1.2.1 激光技术的应用领域不断扩大

以激光器为基础的激光工业在全球发展势头迅猛,现在已经广泛地应用于工业生产、通信、信息处理、医疗卫生、军事、文化教育以及科研等方面,形成了光纤通信、激光光谱、激光测距、激光医疗等应用。从应用的角度看,目前除了工业加工领域的快速增长外,激光也渗透到更多新兴应用领域,如激光清洗、激光3D打印、激光雷达、激光医疗美容、3D传感、激光显示、激光照明等,这些新兴应用将会极大地推动激光产业的飞跃发展。

1.2.2 激光产品销售和利润不断增加

全球激光器产业发展迅猛,激光产品销量平均每年以高于10%的速度增长,并呈现出加速增长的趋势。全球激光器与系统的销售收入从2013年的89.7亿美元增长到2020年的160.1亿美元。具体情况如图1.2所示。

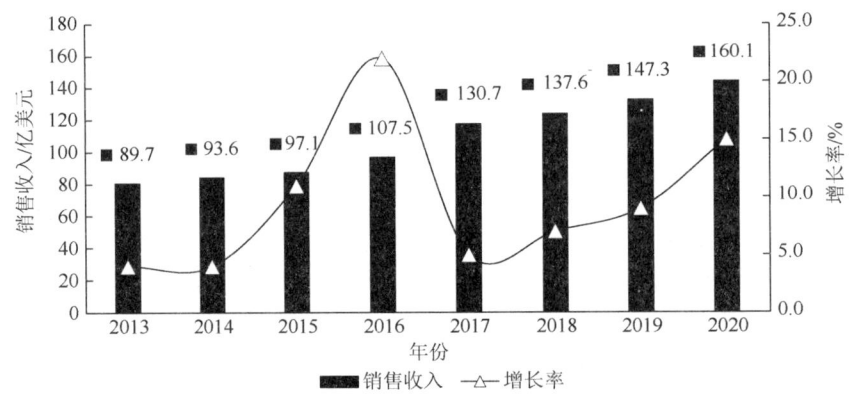

图1.2 2013~2020年全球激光器与系统销售收入与增长率

席卷全球的新冠肺炎疫情对激光产品市场造成了巨大冲击,美国和欧洲激光公司在2020年一季度市场份额整体下降了30%。由于上游供应链的割裂,以及大量下游工厂关闭,主打工业激光器和系统的企业受到的冲击较为严重,如德国TRUMPF(通快)、美国Coherent(相干)和IPG,即便2020年下半年市场表现出开始逐步恢复,但全年营收仍然出现10%左右的下滑。而国防、航空航天、通信和消费电子的市场表现依然强势,美国Ⅱ-VIIncorporated、MKSInstruments(万机仪器)、nLIGHT(恩耐)和Lumentum(朗美通)都取得不错的业绩。特别是Ⅱ-VIIncorporated,凭借3D传感和通信领域的市场强劲需求,营收增长更是达到了75%。

1.2.3 激光加工技术水平不断提高

激光加工技术主要掌握在发达国家手中，典型代表国家是美国、德国、俄罗斯、日本等，他们引领着全球激光技术和激光加工产业的发展。例如：德国 TRUMPF 公司长期致力于工业制造的智能激光解决方案，在汽车制造方面已完成包括白车身激光钎焊、激光飞行焊、发动机部件的激光淬火、冲压模具激光熔覆、碳纤维材料皮秒三维激光切割等整套汽车生产的智能激光加工系统；美国 GE（通用电气）公司将 3D 打印技术大量用于飞机制造，并投资建设了多家 3D 打印万能工厂；美国 IPG 公司是全球第一家实现光纤激光器产业化的企业，在固体激光材料、激光光谱学、激光物理等领域拥有超过 30 年的科研积累，实现了从半导体泵浦源、光纤布拉格光栅、泵浦耦合器、光纤合束器到光纤拉制的玻璃预制棒几乎全部关键零部件的自产。在半导体制造领域，深紫外、极紫外光刻光源长期被欧美发达国家垄断，高端光刻机集合了全球最顶尖的科技，如德国的蔡司镜头技术、美国的控制软件和光源、日本的特殊复合材料等。

全球范围内推动激光技术发展的主要因素包括激光在电子、医疗保健等行业的广泛应用，向纳米和微型设备的转变，机器人邻域对激光技术的需求不断增长，以及激光在光学通信中的使用日益增加等。此外，高功率激光器及系统的技术复杂性将是激光技术市场增长面临的核心挑战之一。

1.3 中国激光产业概况

1.3.1 国家政策大力支持

激光技术在我国国民经济发展中的应用非常广泛，涉及工业制造、通信、信息处理、医疗卫生、节能环保、航空航天等多个领域，是发展高端精密制造的关键支撑技术，是助力国家产业转型升级的重要工具。"十一五"期间，《国家"十一五"科学技术发展规划》就提出，光电子与激光领域是我国在高新技术产业化重点发展的领域之一。激光加工技术及设备被列入先进制造领域，进行优先、重点发展。面对日益增长的巨大的激光加工应用市场和国际竞争新格局，我国政府近 20 年来一直将激光作为"先进制造技术"列为国家重点发展项目。《国家中长期科学和技术发展规划纲要（2006—2020 年）》中列出了我国重点发展的八项前沿技术，激光技术位列第七项。国务院先后发出《"十二五"国家战略性新兴产业发展规划》《"十三五"国家科技创新规划》《"十三五"国家战略性新兴产业发展规划》等一系列规划，激光产业都作为重点领域名列其中。

近几年，国家政策多以鼓励和支持激光技术在制造业中的应用为主。从国家支持的"加快发展战略性新兴产业"、"中国智能制造"和"新基建"等国家战略性产业政策可以看出，未来激光技术的应用市场广阔，加上激光制造具有智能制造的先天"基因优势"，而激光产业形势也因为国家产业政策的大力支持，发展前景总体趋好。

1.3.2 市场需求保持旺盛

激光加工对各个应用领域的渗透率不断提升，应用场景不断拓展。经过多年的发展，我国激光产业已经逐步具备了在技术和价格上的竞争力。近10年来，我国激光产业的市场增长迅猛，即使在受到新冠肺炎疫情影响的2020年，中国激光市场也保持了稳定的增长态势。2020年我国激光设备（含进口）市场销售收入为692亿元，较2019年同比增长了5.2%。虽然新冠肺炎疫情以及世界经济的复苏还存在很大的不确定性，但是中国激光产业的市场需求持续保持增长的大趋势不会改变。具体情况如图1.3所示。

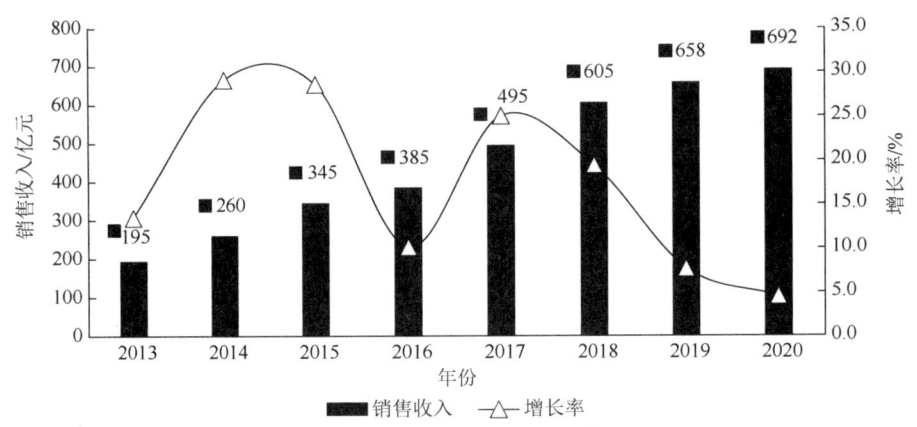

图1.3 2013～2020年中国激光器与系统销售收入和增长率

1.3.3 区域布局各有侧重

本书按照以下七个区域①来研究我国激光产业的问题：华东地区（包括上海、江苏、浙江、安徽、福建、江西、山东）、华南地区（包括广东、广西、海南）、华北地区（包括北京、天津、河北、山西、内蒙古）、华中地区（包括湖北、湖南、河南）、东北地区（包括吉林、辽宁、黑龙江）、西北地区（包括陕西、甘肃、青海、宁夏、新疆）、西南地区（包括重庆、四川、贵州、云南、西藏）。从我国激光加工产业分布来看，全国几大地区都有相关的产业分布，但是各个地区有不同的产业分布和发展重点。例如：以珠三角为核心的华南地区以中低功率激光加工设备为主；以长三角为核心的华东地区以高功率激光切割焊接设备为主；以环渤海为核心的华北地区以高功率激光熔覆设备和全固态激光器件为主；以武汉为首的华中地区则覆盖了大多数的高、中、低功率激光加工设备。当然，随着多个省市地区将光电子产业作为地方重点规划和发展方向，国内激光加工产业带的边界正逐渐变得模糊。据《2019中国激光产业发展报告》统计，我国在26个城市已有激光产业基地（园区）37个，2011年到2018年激光设备销售收入提高了5倍多，

---

① 港澳台地区，本书不作研究。

涌现了大族激光科技产业集团股份有限公司、华工科技产业股份有限公司等一批有世界竞争力的激光企业。同时从创新主体的科技企业发展水平来看，各类的激光企业发展迅速，截至 2019 年底，国内共有规模以上激光企业超过 150 家，其中半数以上的企业集中在激光加工和激光器相关领域。激光企业在资本市场的表现也颇具亮点，铂力特、柏楚电子、杰普特、创鑫激光、联赢激光等企业先后登陆科创板，帝尔激光登陆创业板。这些上市企业为行业注入了更多活力，并将加速垂直整合，持续打通激光产业链，扩大国产化率。

1.3.4 核心技术仍需可控

经过多年的努力，我国激光企业在中低端激光产业上已站稳脚跟，但在高端技术水平的产业和高端核心部件上与世界先进水平仍有较大差距。例如，高亮度高功率激光器虽然经过十多年的不断攻关已取得了一定的成绩，但是缺少核心元器件和关键材料，是我国当前乃至未来激光光源产业发展的主要瓶颈，特别是以下几个领域：①窄线宽波长稳定 976 nm/15 W 半导体激光芯片及万瓦半导体激光器技术；②高功率增益光纤及其万瓦激光器技术；③千瓦级超快（皮秒/飞秒）激光器关键技术。这些都是需要攻克的关键核心技术。

中国激光产业的国产替代化进程正不断加速。激光装备（以激光切割机为主）、光源（以光纤激光器引领）、控制系统和配件等产品，目前的国产化率都在稳步提升。激光打标机市场的激光器国产化率达到了 95%；激光切割设备市场的中高功率激光器国产化率达到了 85%。我国激光产业已经进入了全面提质增效的阶段，迅速提升我国高功率光纤激光光源技术、关键器件、核心原材料的国产化及产业化水平，是推进我国激光产业发展的必由之路。

1.4 研究意义与目的

纵观当前国际形势，国与国之间的经济发展与竞争已经进入科技引领的时代。激光技术的发展一方面推动着前沿基础学科的发展，并且为人类提供新的工具、新的装备，孕育新的产业；另一方面制造芯片、生产飞机要用激光，维护国家安全要用激光，全民健康要用激光，激光技术与激光产业已成为国家创新能力和核心竞争力的关键之一。

创新是引领发展的第一动力，必须加强科技支撑能力建设。作为面向国家重大科技需求的核心技术，我国激光产业发展处于关键时期，还需要进一步培育产业市场，强化原始创新，加强关键核心技术攻关。

一直以来，对激光产业的研究主要集中在市场和技术两个方面，而本书的研究意义在于从国际竞争力和产业链创新能力的角度研究激光产业，为产业研究提供一个比较独特的研究视角。

本书的研究目的在于：①理论探索。寻找如何系统地判断和评价激光产业国际竞争力和激光产业链创新能力。通过对国内外先进技术创新系统理论进行系统归纳和总结，并从激光产业创新的实际情况出发，构建激光产业国际竞争力以及我国激光产业链创新能力的评价和指标体系,探索完善创新体系理论和研究方法。②实践探索。对目前我国的激光产业现状给予较为客观和全面的评价,为加快我国激光技术和应用产业的高质量发展,实现我国激光科技和产业的历史性跨越发展提供重要的参考依据。

1.5 数据来源

本书按照产业的分析体系和数据源头载体,收集与中国激光产业发展相关的原始数据,数据来源体系如图1.4所示。个别缺失数据利用多重替代法或热卡填充法进行插补。

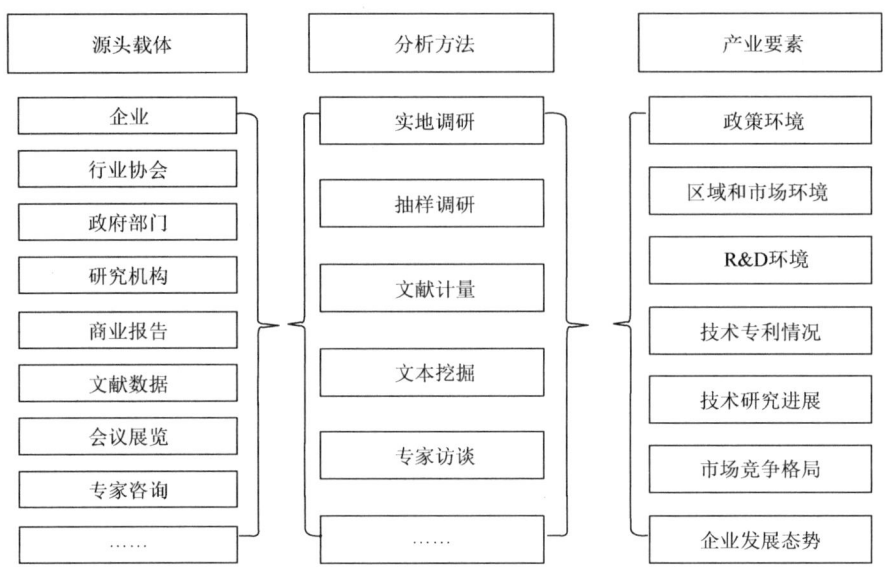

图1.4 数据来源体系

数据按数据类型分为文本型数据与数值型数据。其中文本型数据主要包括学术论文、官方媒体新闻报道、企业年报、行业分析报告,以及一手调研数据(通过对激光从业企业、渠道商、上游供应商、下游用户、行业协会、专家、学者的实地走访、问卷调查、电话访谈、深度面访)、新产品发布、获奖成果、产业政策等,主要来自国家统计局、海关总署、商务部、国家发展和改革委员会、国家知识产权局、国家自然科学基金委员会、行业协会、工商税务等官方机构数据,以及国外政府网站、行业协会学会网站、省市地方政府网站、学校官方网站等权威渠道。数值型数据主要包括国内生产总值(gross domestic product,GDP)、地区生产总值、企业销售收入、从业人员数量、专利申请数量、论文发表数量等,主要来自国家统计局;行业与企业数据来自上市公司数据库以及中国科学院武汉文献情报中心自建数据库"中国产业智库大数据平台"和光电科技情报网;行业企业年报,其中上市公司数据来自纳斯达克证券交易所、纽约证券交易所、法兰克福证券交易所、东京证券交易所、巴伦财经等。研究用的所有数据均通过公开渠道获取,未涉及商业数据。

第 2 章　产业国际竞争力评价指标体系构建

2.1　产业国际竞争力的概念与内涵

2.1.1　国际竞争力的内涵

当前,对于国际竞争力的定义主要有 3 种:①国际竞争力是在自由的良好的条件下,能够在国际市场上提供好的产品、好的服务,同时又能够提高本国人民生活水平的能力[9]。②企业主目前和未来在各自的环境中,以比他们国内和国外的竞争者更具吸引力的价格和质量来进行设计、生产和销售货物以及提供服务的能力和机会[10]。③产品的买主或服务的主顾在选择来自某一国家的产品或服务(而不是其他国家的产品和服务)时所做的集体决策[11]。

综合分析上述 3 种定义可知,国际竞争力包括商品竞争力、企业竞争力和行业竞争力这 3 个层次。商品竞争力是一种现实能力,它可以通过市场占有率等指标表示。企业竞争力是一种潜在能力,也可以采用财务指标近似表示,但它属于国际竞争力的核心层次。因此可以将商品竞争力和企业竞争力统称为狭义的国际竞争力。行业竞争力是广义的国际竞争力,它包括商品竞争力、企业竞争力和行业管理、协调、引导等能力,因此它又可称为产业的综合竞争能力。国际竞争力的 3 个层次如表 2.1 所示[12]。

表 2.1　国际竞争力的 3 个层次

层次		内涵
狭义的国际竞争力	商品竞争力	是一种现实能力,指商品符合市场要求的程度,这种要求具体体现在消费者对商品各种竞争力要素的考虑和要求上,可以通过市场占有率等指标表示
	企业竞争力	是一种潜在能力,指在竞争性市场条件下,企业通过培育自身资源和能力,获取外部可寻资源,并综合加以利用,在为顾客创造价值的基础上,实现自身价值的综合性能力,可以采用财务指标近似表示,属于国际竞争力的核心层次
广义的国际竞争力	行业竞争力	包括商品竞争力、企业竞争力和行业管理、协调、引导等能力,又可称为产业的综合竞争能力

上述 3 个层次的竞争力彼此之间不是独立的。一个行业的竞争能力更主要的是通过具有一定竞争能力的企业群体去建立,通过这些企业群体最终实现商品竞争力。但是企业竞争力的高低又不是现实的商品竞争力的大小所能完全包括的,它还应包括未来竞争力的强弱。换言之,企业是否具有发展后劲,也应是企业竞争力的研究范围。行业竞争力也是如此,它既由商品竞争力、企业竞争力体现,又有自身的内容,如高水平的行业管理协调和引导能力可以使企业竞争力出现乘数效应。

由此可见,产业竞争力作为一个中观层次的竞争力评价指标,可以反映更深层次的竞争力内涵。从以上对竞争力的不同表述及评价指标来看，产业国际竞争力的内涵可以归纳为以下3点：①产业竞争力是一个涉及区域或国家之间经济关系的国际经济学概念，并包含着"比较优势"的概念。②产业竞争力不是指单个企业的竞争力。产业内部企业的相互关系，相关产业和辅助产业的状况，以及国内相应经济形势和背景等，都将对产业竞争力产生影响和作用。③从最终角度而言，产业竞争力体现在它所提供的产品或服务在国际市场上的份额。由此可见，国际市场份额是衡量竞争力强弱的主要指标；无论是企业还是产业，竞争的核心是它为国际市场所能提供的产品和服务[13]。

2.1.2 产业国际竞争力的概念

对于产业层次上的国际竞争力如何定义，不同学者和机构之间存在着较大的争论。美国哈佛商学院教授迈克尔·E. 波特（Michael E.Porter）首次从产业角度研究竞争力，考察一个国家的经济、社会、政治等环境如何影响各个产业的竞争力。波特教授认为国际竞争力是指一国特定产业通过在国际市场上销售其产品所反映出来的生产率[13]。世界经济论坛和瑞士洛桑国际管理发展学院于1994年9月联合发表了《国际竞争力研究报告》中提到，国际竞争力是指一国或一公司在世界市场上均衡地生产出比其竞争对手更多财富的能力，国际竞争力是竞争力资产与竞争力过程的统一。金碚[14]认为一个国家的某种工业品的国际竞争力的强弱从结果和原因两个方面分析：结果为实现指标，如市场份额，表现了国际竞争力在市场上的实现程度；原因由直接因素（如产品的质量、结构、价格、品牌等）和间接因素（如成本、经营管理、技术等）组成。总体来看，研究者和研究机构对产业国际竞争力的定义主要从生产率、利润观、有效供给能力等角度展开，具体情况如表2.2所示。

表 2.2 产业国际竞争力的定义

角度	提出者	定义
生产率	Porter[13]	所涉及的区域为一国；所描述的生产率表现形式为特定产业在国际市场上的产品销售
	Krugman[15]	一国的竞争问题其实是纯粹的国内生产率问题
利润观	1994年9月的《国际竞争力研究报告》	一国或一公司在世界市场上均衡地生产出比其竞争对手更多财富的能力
有效供给能力	1985年世界经济论坛的《关于竞争力的报告》	企业主目前和未来在各自的环境中以比他们国内和国外的竞争者更有吸引力的价格和质量来进行设计生产并销售货物以及提供服务的能力和机会
	《关于工业竞争力的总统委员会报告》	既描述了国家之间的市场竞争、产品竞争和服务竞争，又包含了提高本国人民生活水平的能力。同时设定了自由良好的市场环境等前提条件
综合观	张超[16]	产业竞争力是指属于不同国家的同类产业之间效率、生产能力和创新能力的比较，以及在国际自由贸易条件下各国同类产业最终在产品市场上的竞争能力
	金碚[17]	在国际自由贸易条件下（或在排除了贸易壁垒因素的假设条件下）一国某特定产业的产出品所具有的开拓市场、占据市场并以此获得利润的能力，就国际竞争而言，国际竞争力的核心就是比较生产力

在上述不同角度的观点中，综合观从生产、市场、利润、创新等多个方面考虑产业

国际竞争力，相对其他角度来说更加全面。因此本书选取综合观的角度来定义产业国际竞争力，我们认为产业国际竞争力是指一国或某一地区的某个特定产业相对于他国或地区综合从生产、市场、创新等多个方面来衡量的综合竞争能力。

2.2 产业国际竞争力评价指标体系研究进展

2.2.1 理论基础

从产业国际竞争力评价指标体系研究的理论基础来看，历史研究的相关理论主要都是基于比较优势理论和竞争优势理论。

比较优势理论由土地、劳动力、资本、自然资源等基本生产要素决定：大卫·李嘉图（David Ricardo）最先在《政治经济学及赋税原理》（*On the Principles of Political Economy and Taxation*）一书中提出了比较优势理论：每个国家都应根据"两利相权取其重，两弊相权取其轻"的原则，集中生产并出口具有比较优势的产品，进口具有比较劣势的产品。瑞典经济学家伊·菲·赫克歇尔（Eli F. Heckscher）提出了资源禀赋理论（H-O理论），指出一个区域在进行对外贸易时，生产要素相对充裕和便宜的商品用于出口，生产要素相对缺乏和昂贵的商品需要进口[18]。

竞争优势理论强调竞争优势不仅与基本生产要素有关，也与技术、规模经济、资本运作、管理水平、营销策略有关，更加强调产业内企业的策略行为。SWOT分析模型就是综合分析优势（strength）、劣势（weakness）、机会（opportunity）和威胁（threat）对产业的影响。波特提出了钻石模型，认为影响产业竞争力大小的6个因素为生产要素、需求要素、相关产业、企业战略、政府行为、机遇。其中：前四项为决定性因素，且互相影响，具有双向作用；后两项是不稳定因素，在决定性因素的基础上发挥作用，但也是必不可少的。产业国际竞争力评价指标体系研究的理论基础如表2.3所示。

表 2.3 产业国际竞争力评价指标体系研究的理论基础

理论	影响因素	代表性研究
比较优势理论	由土地、劳动力、资本、自然资源等基本生产要素决定	大卫·李嘉图：《政治经济学及赋税原理》
		伊·菲·赫克歇尔：资源禀赋理论（H-O理论）
竞争优势理论	竞争优势不仅与基本生产要素有关，也与技术、规模经济、资本运作、管理水平、营销策略有关	肯尼斯·安德鲁斯：SWOT分析模型
		波特：钻石模型

2.2.2 研究进展

20世纪80年代以来，世界经济论坛和瑞士洛桑国际管理发展学院在对国际竞争力研究中，定义国际竞争力为一国或一公司在世界市场上均衡地生产出比其竞争对手更多财富的能力，并且形成了基于国家或地区层次的国际竞争力评价原则、方法和指标体系。

从 1989 年开始,每年出版《国际竞争力研究报告》,该报告用 300 多项定量与定性指标对经济合作与发展组织的 24 个国家与 10 个新兴工业化国家和地区的国际竞争力进行评价与分析。1995 年后,由于两个机构在研究方法上的分歧而开始各自每年进行国际竞争力评价,瑞士洛桑国际管理发展学院公布《世界竞争力年鉴》,世界经济论坛公布《全球竞争力报告》。在两家出版的研究报告中,瑞士洛桑国际管理发展学院使用两类指标,其中 179 个是硬指标,来自各国或其他国际性组织的统计数据,另外 111 个指标是调查数据,也就是所谓的软指标,它是根据瑞士洛桑国际管理发展学院关于竞争力的年度调查统计而来的。世界经济论坛同样也使用两类指标:硬指标来自国际货币基金组织和其他机构,软指标则从调查中收集统计。1998 年开始,世界经济论坛又对一些指标进行了调整,如引入微观竞争力指标,并在 2000 年的报告中将国家和地区综合经济竞争力分为经济成长竞争力和当前竞争力,加大科技创新能力的影响力比重,引入了一个反映国家或地区技术能力与创业难易程度的"经济创造力指标"。世界经济论坛和瑞士洛桑国际管理发展学院国际竞争力评价指标和范围如表 2.4 所示。

表 2.4 世界经济论坛和瑞士洛桑国际管理发展学院国际竞争力评价指标和范围

机构	主要指标	评价范围	总指标数
世界经济论坛	开放程度、制度、政府、金融、基础设施、管理能力、科学技术、劳动力	59 个国家和地区	314 个
瑞士洛桑国际管理发展学院	国内经济、国际化、政府、金融、企业管理、科学技术、国民素质	47 个国家和地区	290 个

世界经济论坛和瑞士洛桑国际管理发展学院构建的国际竞争力评价指标体系角度全面、指标可量化,且已经十分成熟,但其分析主体主要是国家及地区的综合竞争力,具体产业的国际竞争力仅仅是其中一个要素。因此,要针对某一产业进行国际竞争力分析,世界经济论坛和瑞士洛桑国际管理发展学院的评价指标体系过于庞大,无法直接套用,但两个体系中关于国际竞争力的主要指标所覆盖的要素内容,可以作为研究产业国际竞争力关键影响因素的分析基础。

除世界经济论坛和瑞士洛桑国际管理发展学院两大权威机构对国际竞争力评价指标体系有相关研究外,不少学者也对产业国际竞争力评价指标体系进行了探索。宋明佳和张庚淼[11]将产业国际竞争力评价体系划分为竞争实力、竞争潜力、竞争环境和竞争态势 4 个二级指标。其中,竞争实力、竞争潜力和竞争态势均包括生产、市场、技术和创新 4 个角度的三级指标。吴灼亮[19]在《中国高技术产业国际竞争力评价:理论、方法与实证研究》中提出,高技术产业国际竞争力包括竞争绩效、竞争绩效直接来源因素和竞争绩效动力因素 3 个方面的分析;其中,竞争绩效主要是市场价值增值份额占有情况,竞争绩效直接来源因素侧重于产品价格、质量、性能等市场角度的分析,竞争绩效动力因素则包括产业要素、国内市场需求、竞争结构等宏观环境因素。王钰[20]在一般产业国际竞争力指标体系的基础上,引入低碳化指标层,利用德尔菲法和层次分析法分配权重后,对 1995~2010 年中国制造业基于低碳经济的产业国际竞争力变动状况进行测评和比较。赵文亮等[21]将云模型与德尔菲法相结合,应用评价指标云权重的方法评价国际竞争力，评价指标的定性与定量转换利用云发生器实现。钱景怡和余正[22]认为产品进出口、国际市场占有率、人力资源、资金资源等指标均对生物制药产业国际竞争力有一定表现力。蓝庆新和窦凯[23]基于钻石模型选取了技术水平、产业开放度、第二产业劳动生产率、第三产业劳动生产率、政府政策等10个指标，研究了中国的数字贸易国际竞争力影响因素。华欣等[24]运用云模型与熵权法，选取了人力资源、创新能力、产业结构、政府职能等因素探究新经济发展形势下我国高技术产业国际竞争力脆弱性成因。岳欣[25]从持续稳定性、高效低耗性、结构平衡性等角度研究了国家能力与经济高质量发展目标的关系。

国外一些学者对竞争力评价的指标体系开展研究。Huggins[26]认为人均国民生产总值（gross national product，GNP）能够较好地体现产出生产率水平，而产出生产率的高低正是产业竞争力的基本指标，因此，国家人均GNP能衡量一国产业竞争力水平。Ratliff[27]通过对美日高技术产业竞争力影响因素中的创新模式进行研究，认为包括普通公民的受教育水平、大学体系、研发体系以及投融资体系等在内的不同的国家创新系统决定了竞争力随技术变化而变化。Choi等[28]从经济质量因素的角度研究人均GNP对产业国际竞争力的影响，认为人均GNP充分代表了选择产品的质量水平（包括进口产品的质量水平），发达国家或地区具备较高人均收入水平基础，更倾向于选择较高价格和较高质量的产品，相反，发展中国家或地区更倾向于选择相对低价格和相对低质量的产品，这在一定程度上决定了市场的大体走向。Hashimi和Van Biesebroeck[29]研究技术创新对美国汽车产业国际竞争力的影响，结果表明技术创新的影响要小于市场、政策等外部条件。Fujimoto等[30]将产业竞争力定义为一个主体被选择的能力，包括资本市场选择的企业的利润绩效，产品市场选择的产品的市场（表层）绩效，企业选择的场所或"根场"的生产（深层）绩效，构成了一个多层次的竞争力结构，并制作了一组基于生存分析的模拟模型。

综上所述，产业国际竞争力评价指标体系主要包括生产、市场、创新等共性要素。其中：生产竞争力是指产业将资源转化为产品的效率和能力，可量化指标有产业总产值占世界比重、产业的人均产值等；市场竞争力是指产业将资源转化为产品后创造盈利、产生价值的能力，可量化指标有产业主流产品的出货价值、产业的先进毛利率水平或平均毛利率水平、产业的先进净利率水平或平均净利率水平等；创新竞争力是指产业将产生的价值再投入到创新研发，以升级现有技术、产出更好产品从而创造更高价值的能力，可量化指标有产业技术的专利数、产业技术的SCI论文数、产业的研发经费投入等。产业国际竞争力评价指标体系共性要素如表2.5所示。

表2.5 产业国际竞争力评价指标体系共性要素

要素	内涵	指标示例
生产竞争力	产业将资源转化为产品的效率和能力	产业总产值占世界比重、产业的人均产值
市场竞争力	产业将资源转化为产品后创造盈利、产生价值的能力	产业主流产品的出货价值、产业的先进毛利率水平或平均毛利率水平、产业的先进净利率水平或平均净利率水平
创新竞争力	产业将产生的价值再投入到创新研发，以升级现有技术、产出更好产品从而创造更高价值的能力	产业技术的专利数、产业技术的SCI论文数、产业的研发经费投入

2.3 激光产业国际竞争力评价指标体系构建

基于产业国际竞争力的概念和内涵，结合产业国际竞争力评价指标体系的相关研究内容，本书以激光产业为分析对象，构建一套适用于激光产业的国际竞争力评价指标体系。在此基础进一步通过实证分析，判断我国激光产业的国际竞争实力和市场地位，并给出提高我国激光产业国际竞争力的意见和建议。根据关于产业国际竞争力评价指标体系的共性要素，本书确定了激光产业国际竞争力评价指标体系的主体要素包括生产竞争力、市场竞争力和创新竞争力3个层面。

生产竞争力主要由产业规模、企业规模和人力规模3个方面组成：①产业规模是指一国或一个区域激光产业的整体市场规模、相对市场规模及其变化趋势，能够直观地反映一国或一个区域激光产业将资源转化为生产力的整体水平和相对水平；②企业规模是指激光产业的上市企业数量及营收的绝对规模、相对规模及其变化趋势，能够直接地反映一国或一个区域激光产业生产载体的数量多少、营收高低，从而间接地反映该国或区域激光产业进行生产力转化的核心能力；③人力规模是指激光产业的龙头企业的员工人数及人均营收的绝对规模及其变化趋势，能够反映一国或一个区域激光产业投入生产的人力资源及其人均产出的水平。

市场竞争力包括产品竞争力和盈利能力：①产品竞争力是指激光产业代表性产品的出货能力和性能高低，能够直观地反映一国或一个区域激光龙头企业的产品优势，从而间接地反映该国或区域激光产业抢占市场的核心竞争力；②盈利能力是指激光产业创造市场盈利的先进水平，主要通过考察一国或一个区域激光龙头企业的毛利率及净利率高低来反映该国或区域激光产业的市场盈利水平。

创新竞争力包括研发投入和科技产出：①研发投入是指激光产业将其生产价值再投入到创新研发的先进水平，主要通过考察一国或一个区域激光龙头企业的人力资源和财力资源投入多少来反映该国或区域激光产业先进的研发投入水平；②科技产出是指激光产业在技术研发方面的专利和论文成果产出，能够直观地反映一国或一个区域激光产业的科技创新实力。

激光产业国际竞争力评价指标体系具体情况如表2.6所示。

表 2.6 激光产业国际竞争力评价指标体系

一级指标	二级指标	三级指标	四级指标
激光产业国际竞争力	生产竞争力	产业规模	全球激光产业市场规模；国家/区域激光产业市场规模；激光产业市场规模趋势
		企业规模	全球激光相关上市企业数量；国家/区域激光相关上市企业数量；全球激光相关上市企业营收规模；国家/区域激光相关上市企业营收规模；激光相关上市企业营收规模趋势
		人力规模	上、中、下游激光龙头企业的人员规模；上、中、下游激光龙头企业的人均营收；激光龙头企业的人员规模趋势；激光龙头企业的人均营收趋势

续表

一级指标	二级指标	三级指标	四级指标
激光产业国际竞争力	市场竞争力	产品竞争力	上、中、下游激光龙头企业营业收入；上、中、下游激光龙头企业激光相关产品直接出货情况；国内外光纤激光器龙头企业产品性能对比；国内外固体激光器龙头企业产品性能对比
		盈利能力	激光龙头企业的毛利率及其成长性；激光龙头企业的净利率及其成长性
	创新竞争力	研发投入	激光龙头企业研发人员投入及占比；激光龙头企业研发经费投入及占比；激光龙头企业研发人员数趋势；激光龙头企业研发经费投入趋势；激光龙头企业研发人员投入占比趋势；激光龙头企业研发经费投入占比趋势
		科技产出	国家/区域激光领域相关专利申请量及占比；国家/区域激光领域相关专利申请趋势；国家/区域激光领域相关专利申请量的同比趋势；国家/区域激光领域相关高价值专利申请量及占比；国家/区域激光领域相关的 SCI 论文发表总数及占比；国家/区域激光领域相关的 SCI 论文发表趋势；国家/区域激光领域相关的 SCI 论文发表数的同比趋势；国家/区域激光领域相关的 ESI 高水平论文（高被引论文）的发表数

第3章 中国激光产业国际竞争力评价

3.1 生产竞争力

3.1.1 产业规模

1. 整体市场规模

从宏观市场来看，2020年全球激光技术市场规模约117亿美元，预计到2025年将达到176亿美元，复合年增长率为8.5%，与传统材料加工技术相比，医疗保健垂直领域不断增长的需求将带动激光器性能的进一步提升，并成为未来几年推动激光技术市场增长的关键因素。全球激光技术市场总体规模预测如图3.1所示。

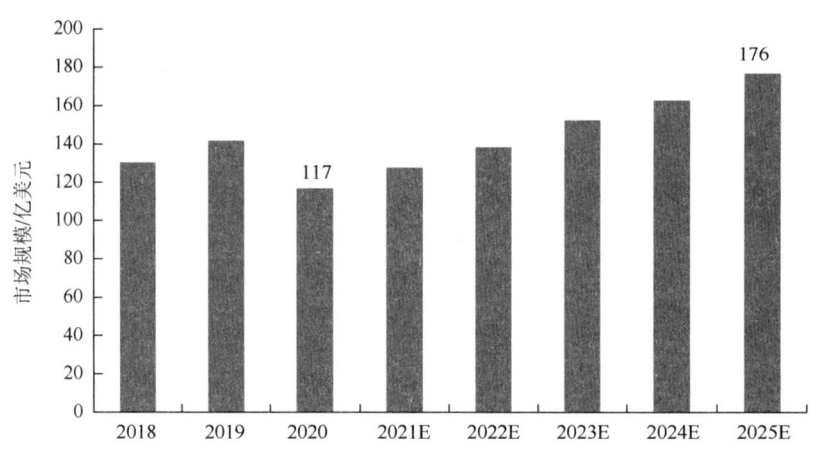

图 3.1 全球激光技术市场总体规模预测

数据来源：MarketsAndMarkets

注：E 代表估算的数据

2020年，亚太地区激光技术市场规模达49亿美元，占比41.88%，居于第一位，市场动力主要得益于日本在光电子技术和半导体工业方面的全球领先地位，以及中国制造向中国智造不断转型升级的技术创新需求；欧洲地区激光技术市场规模达35.4亿美元，占比30.26%，是第二大市场，其经济效益主要来源于德国在激光材料加工设备方面的优势，尤其是激光焊接技术在汽车制造领域中的应用不断攀升，助推了德国激光加工设备的生产与销售；北美地区激光技术市场规模达27.2亿美元，占比23.25%，居于第三位，市场动力主要来源于美国激光医疗及激光检测设备的巨大需求。2020年全球激光技术市场竞争格局如图3.2所示。

第3章 中国激光产业国际竞争力评价

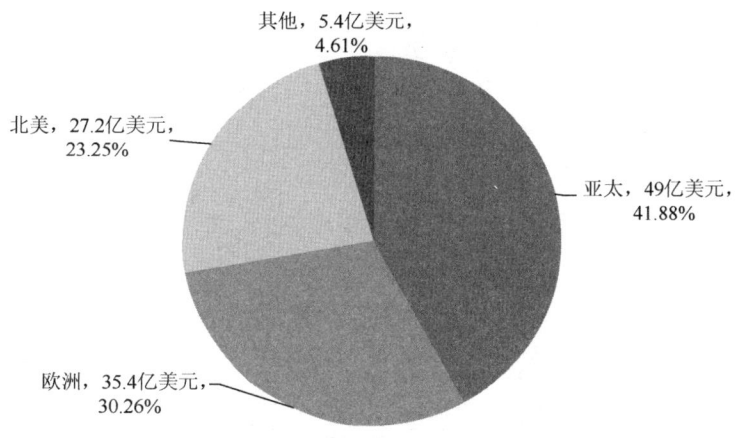

图 3.2 2020 年全球激光技术市场竞争格局

数据来源：MarketsAndMarkets

2. 产业规模趋势

从全球各地区激光技术市场规模的变化情况来看，亚太、欧洲及北美三大主要市场与总体市场呈现相同的变化趋势。2020 年，在新冠肺炎疫情的负面影响下，各地区企业纷纷停工停产，交通运输、贸易物流等市场流通的重要环节受到严重阻滞，导致大量订单取消、流失或延迟交付，因此亚太、欧洲、北美乃至全球激光技术的市场规模均有一定程度的下降。2020 年，全球激光技术市场规模同比下降 17.31%，其中，亚太地区同比下降 18.20%，下降幅度超过全球总体幅度，而欧洲和北美地区分别同比下降 13.24%和 16.82%，下降幅度低于全球总体幅度，这是由于疫情暴发初期，中国是受到负面影响最大的国家，致使整个亚太地区激光产业受波及程度远高于欧洲及北美地区。具体情况如图 3.3 所示。

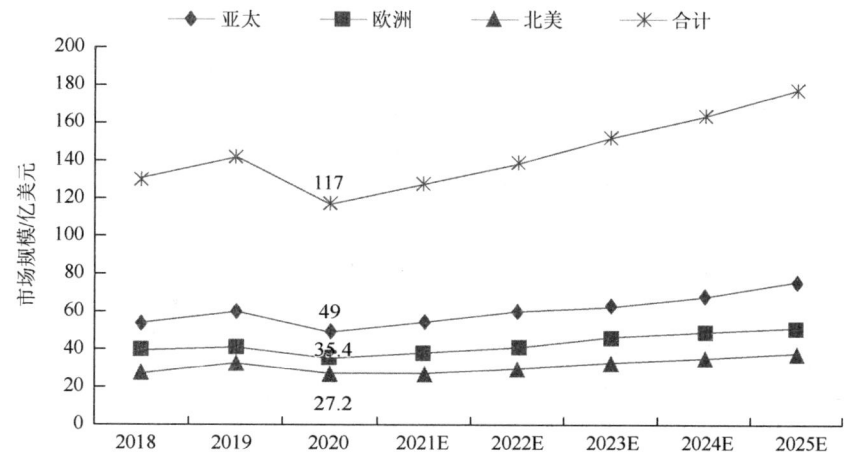

图 3.3 2018～2025 年全球激光技术市场规模预测

数据来源：MarketsAndMarkets

3.1.2 企业规模

1. 上市企业数量及营收规模

从全球激光相关上市企业 2020 年的数量规模来看：中国位居第一，总计约 67 家，占全球比例为 43.79%；美国位居第二，总计约 45 家，占全球比例为 29.41%；日本、德国分别居于第三和第四位，总数量约为 10 家和 8 家，占全球比例分别为 6.54%和 5.23%。2020 年全球激光相关上市企业数量占比情况如图 3.4 所示。

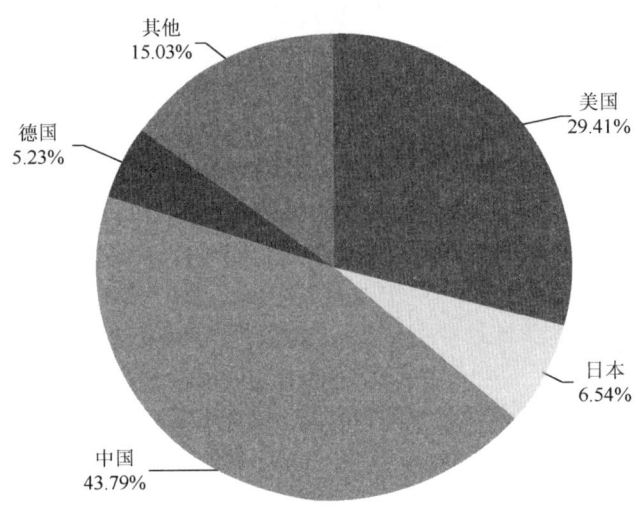

图 3.4 2020 年全球激光相关上市企业数量占比情况

从全球激光相关上市企业 2020 年的营收规模来看（以下的相关数据按实时汇率换算成人民币计价）：美国位居第一，营收总计约 3970.38 亿元，占全球比例为 40.96%；日本位居第二，营收总计约 3782.23 亿元，占全球比例为 39.02%；中国位居第三，营收总计约 1065.80 亿元，占全球比例为 10.99%；德国①位居第四，营收总计约 710.77 亿元，占全球比例为 7.33%。具体情况如图 3.5 所示。

从各国激光相关上市企业 2020 年的平均营收来看：日本以 378.22 亿元/家遥遥领先；德国和美国不相伯仲，分别以 88.85 亿元/家和 88.23 亿元/家居于第二和第三；中国以 15.91 亿元/家位居第四，与前三名差距十分明显。具体情况见表 3.1。

由此可见，中国的激光相关上市企业虽然体量上较多，但总体营收规模相对美国、日本还较为落后，且企业平均营收与美国、日本和德国相比，存在较大差距，说明中国激光相关上市企业数量较多但经营规模较小，市场抢占及产品创收能力较弱。具体情况见表 3.2。

---

① 该结果包含了德国 TRUMPF 企业的数据，这家企业是家族型企业，并没有真正意义上的上市，但其年报在官网上定期公开，并且它是激光加工领域的重要企业，因此有必要将其纳入德国激光产业相关的数据体系中。

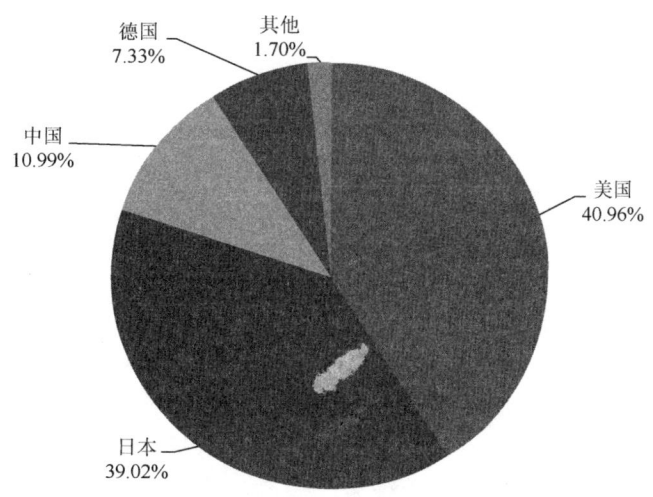

图 3.5　2020 年全球激光相关上市企业总营收占比情况

表 3.1　2020 年主要国家激光相关上市企业平均营收排名情况

国家	企业总数		2020 年总营收		2020 年平均营收	
	数量/家	排名	总营收/亿元	排名	平均营收/(亿元/家)	排名
日本	10	3	3782.23	2	378.22	1
德国	8	4	710.77	4	88.85	2
美国	45	2	3970.38	1	88.23	3
中国	67	1	1065.80	3	15.91	4

表 3.2　2020 年主要国家激光相关上市企业数量及营收规模情况

国家	企业总数量/家	2020 年总营收/亿元	代表企业
美国	45	3970.38	IPG Photonics、Xerox、Dover Corporation、Ⅱ-Ⅵ Incorporated、MKS Instruments、Lumentum Holdings、Coherent、3D Systems Corporation、FARO Technologies、nLIGHT、Luminar Technologies
日本	10	3782.23	Lasertec Corporation、Kyocera Corporation、QD Laser、AMADA Co., Ltd.、Furukawa Co., Ltd.、Mitsubishi Electric、KEYENCE CO., Ltd.、Hamamatsu Photonics
中国	67	1065.80	大族激光、华工科技、福晶科技、锐科激光、帝尔激光、金运激光、光韵达
德国	8	710.77	TRUMPF Venture、LPKF Laser & Electronics AG、SLM Solutions Group AG、Ifa Systems AG、elexxion AG、Mynaric AG
英国	2	54.66	Windar Photonics、Cineworld Group plc
意大利	2	31.75	Energica Motor Company SpA、El.En. SpA
韩国	2	29.54	EO Technics、LIS Co., Ltd.
瑞士	1	25.47	INFICON
以色列	3	10.56	BioLight Israeli Life Sciences Investments Ltd.、Highcon Systems Ltd.、Sisram Medical Ltd.

续表

国家	企业总数量/家	2020年总营收/亿元	代表企业
法国	2	9.74	Nanobiotix、Lumibird
澳大利亚	3	1.22	LaserBond Ltd、Silk Laser、Silex Systems
印度	2	0.81	Rishi Laser Ltd.、Looks Health Services Ltd.
马来西亚	1	0.7	Jadi Imaging Technologies
加拿大	3	0.1	Zecotek Photonics、Theralase Technologies、Aquarius Surgical
瑞典	1	0.01	Clinical Laserthermia Systems AB（publ）
爱尔兰	1	0.001	Presbia PLC

资料来源：纳斯达克证券交易所、纽约证券交易所、法兰克福证券交易所、东京证券交易所、巴伦财经、CrunchBase数据库、企查查数据库等。

注：各国兑人民币汇率按2021年6月16日收盘价计算。

2. 上市企业营收规模趋势

从总体趋势来看：2016～2020年，中国激光相关上市企业总营收从911.91亿元增长至1065.80亿元，年均复合增长率为3.98%；美国激光相关上市企业总营收从3137.68亿元增长至3970.38亿元，年均复合增长率为6.06%；日本激光相关上市企业总营收从3490.23亿元增长至3782.23亿元，年均复合增长率为2.03%；德国激光相关上市企业总营收从745.91亿元降低至710.77亿元，年均复合增长率为-1.20%。由此可见，近5年来，除德国外，主要国家激光相关上市企业的总规模都呈现平稳增长趋势，其中：美国激光相关上市企业不仅总规模较大，年均增幅也相对可观；日本激光相关上市企业总营收较高，但年均增幅较低；中国激光相关上市企业总规模一直与美国、日本存在较大差距，且年均增势也不具备明显优势。具体情况如图3.6所示。

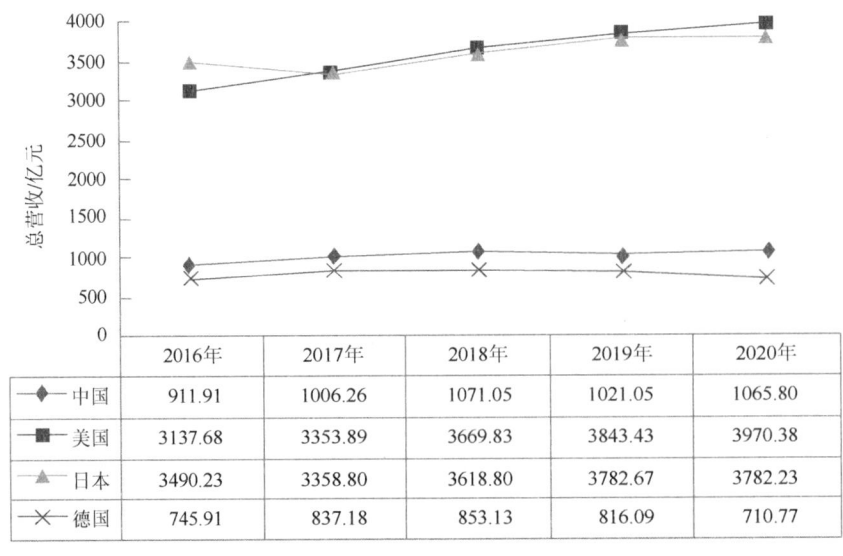

图3.6 2016～2020年主要国家激光相关上市企业总营收情况

3.1.3 人力规模

1. 员工人数

从全球激光龙头企业的员工规模来看,上游元器件的代表性企业以美国的Ⅱ-Ⅵ Incorporated、中国的光库科技和福晶科技为例,3家企业2020年的员工人数分别为22969人、1281人和1325人,其中,Ⅱ-ⅥIncorporated规模远大于光库科技和福晶科技。这是因为Ⅱ-ⅥIncorporated不仅是激光材料和元器件领域的领军企业,也是整个光学元件、模块和子系统领域的领先制造商,其整体业务十分广泛,而光库科技与福晶科技的业务相对专精,以激光晶体、激光芯片及器件为主。

中游激光器的代表性企业以美国的IPG、Coherent和nLIGHT,中国的锐科激光和杰普特光电为例。2020年,美国的3家中游企业IPG、Coherent和nLIGHT的员工人数分别为6060人、4875人和1275人,比中国的锐科激光(员工人数为2532人)、杰普特光电(员工人数为1284人)多出不少。由此看出,美国的激光龙头企业人力资源规模较大,其主要原因是IPG和Coherent这两家公司发展历史悠久、技术实力雄厚、产品市场成熟。

下游激光设备的代表性企业以德国的TRUMPF,中国的大族激光、华工科技和帝尔激光为例。2020年,德国著名的龙头企业TRUMPF员工人数为14325人,中国的大族激光员工人数为14174人,华工科技员工人数为7352人,帝尔激光员工人数为491人。相比之下,德国的龙头企业人力资源规模更具优势,同时,中国企业在下游市场上发展较为迅速,从而迅速缩小了与国际企业的差距,显示出了一定的市场优势。从人力资源规模比较来看,德国TRUMPF与中国大族激光两家公司的规模较大,二者均在激光加工领域占据了牢固的市场地位。具体情况见表3.3。

表3.3 2020年上、中、下游激光龙头企业的人员规模

产业链位置	细分领域	企业	2020年员工人数/人	国家
上游	激光芯片及器件	Ⅱ-ⅥIncorporated	22969	美国
	激光晶体	福晶科技	1325	中国
	激光器件、模块	光库科技	1281	中国
中游	光纤激光器	IPG	6060	美国
	光纤激光器	Coherent	4875	美国
	半导体、光纤激光器	nLIGHT	1275	美国
	光纤激光器	锐科激光	2532	中国
	光纤激光器	杰普特光电	1284	中国
下游	激光切割、激光焊接、激光表面处理	TRUMPF	14325	德国
	激光切割、激光焊接、激光清洗、激光打标	大族激光	14174	中国
	激光切割、激光焊接、激光热处理、激光打孔	华工科技	7352	中国
	激光消融、激光掺杂、激光打孔、激光划片、激光修复	帝尔激光	491	中国

从全球激光龙头企业的员工规模变化情况来看，2016~2020年，年均增幅较高（大于等于10%）的企业包括Ⅱ-ⅥIncorporated、Coherent、锐科激光和光库科技4家。其中：锐科激光员工人数从491人增至2532人，年均复合增长率高达50.69%；光库科技员工人数从441人增至1281人，年均复合增长率为30.55%；Ⅱ-ⅥIncorporated员工人数从8927人增至22969人，年均复合增长率为26.65%；Coherent员工人数从2787人增至4875人，年均复合增长率为15.00%。年均保持小幅增长（＜10%）的企业包括福晶科技、IPG、TRUMPF、大族激光和华工科技等，其中：福晶科技员工人数从951人增至1325人，年均复合增长率为8.64%；IPG员工人数从4230人增至6060人，年均复合增长率为9.40%；TRUMPF员工人数从11181人增至14325人，年均复合增长率为6.39%；大族激光员工人数从9806人增至14174人，年均复合增长率为9.65%；华工科技员工人数从5624人增至7352人，年均复合增长率为6.93%。由此可见，下游的激光设备类企业虽然一般在人员规模上较大，但成长性较低；而上中游激光企业虽然人员规模较小，但规模增长幅度较大。具体情况如图3.7所示。

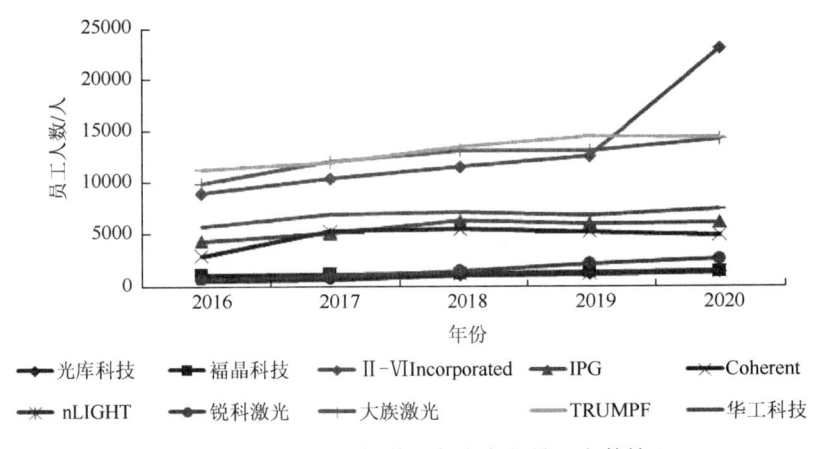

图3.7　2016~2020年激光龙头企业员工人数情况

2. 人均营收

从全球激光龙头企业的人均营收来看，2020年，超过百万元的企业有5家，其中3家美国企业，1家中国企业，1家德国企业。中国帝尔激光以218.39万元/人居于第一，德国TRUMPF以186.76万元/人位居第二，美国Coherent、IPG和nLIGHT分别以161.35万元/人、126.84万元/人和111.94万元/人居于第三、第四和第五位。超过50万元但不足100万元的企业有5家，由高到低依次是锐科激光的91.49万元/人，大族激光的84.26万元/人，华工科技的83.48万元/人，杰普特光电的66.64万元/人以及Ⅱ-ⅥIncorporated的66.32万元/人。不足50万元的企业有2家，均为上游企业，分别是福晶科技的41.24万元/人和光库科技的38.38万元/人。整体来看，激光中下游企业人均营收规模较高，且处于成长期的企业（帝尔激光）比成熟型企业（大族激光、华工科技等）人均贡献度更高。在先发和规模优势下，IPG、Coherent、nLIGHT、TRUMPF等国外的龙头企业人均营收显著高于同行。2020年全球激光龙头企业人均营收排名情况见表3.4。

表 3.4 2020 年全球激光龙头企业人均营收排名情况

排名	企业	2020 年人均营收/(万元/人)	产业链位置	国家
1	帝尔激光	218.39	下游	中国
2	TRUMPF	186.76	下游	德国
3	Coherent	161.35	中游	美国
4	IPG	126.84	中游	美国
5	nLIGHT	111.94	中游	美国
6	锐科激光	91.49	中游	中国
7	大族激光	84.26	下游	中国
8	华工科技	83.48	下游	中国
9	杰普特光电	66.64	中游	中国
10	Ⅱ-Ⅵ	66.32	上游	美国
11	福晶科技	41.24	上游	中国
12	光库科技	38.38	上游	中国

从全球激光龙头企业人均营收的同比变化情况来看，2020 年，有 5 家代表性企业的人均营收同比下降，包括Ⅱ-ⅥIncorporated、IPG、Coherent、锐科激光和 TRUMPF，主要集中在中游激光器领域。其中 IPG 人均营收同比下降 10.18%，Coherent 人均营收同比下降 8.67%，TRUMPF 人均营收同比下降 6.76%，锐科激光人均营收同比下降 5.50%，Ⅱ-ⅥIncorporated 人均营收同比下降 5.00%。在人均营收同比增加的企业中：帝尔激光增长率遥遥领先，高达 37.28%；其次是大族激光，人均营收同比增长 14.58%；其他企业增幅均不超过 10%，按增长率高低依次为杰普特光电同比增长 9.00%，nLIGHT 同比增长 8.70%，福晶科技同比增长 3.64%，华工科技同比增长 3.53%，光库科技同比增长 2.72%。由此可见，从人均营收上来说，中国激光龙头企业较国外激光龙头企业更具备发展潜力，这与中国激光产业整体处于发展赶超期密不可分。具体情况如图 3.8 所示。

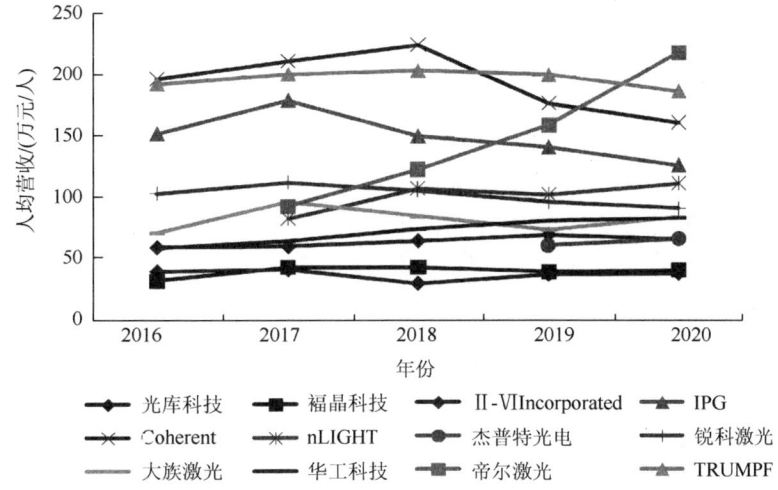

图 3.8 2016~2020 年全球激光龙头企业人均营收变化情况

3.2 市场竞争力

3.2.1 产品竞争力

1. 产品出货

1)上游

产品出货是指生产商出货给代理商(或中间商)的量,而产品出货可以反映出不同企业的产品竞争力,从而体现中国激光企业的国际竞争力。按照产业链上、中、下游进行产品出货对比分析,会使比较的针对性更强。

在本书中所比较的激光产业上游龙头企业主要包括美国的Ⅱ-VIIncorporated、中国的光库科技和福晶科技。2020年以Ⅱ-VIIncorporated为代表的美国企业激光器件直接出货量,居于世界第一位,其产品竞争实力较强;而以光库科技和福晶科技为代表的中国企业激光器件直接出货量在全世界排名第二位,其他国家的上游企业与中美的差距较大。直接出货情况见表3.5。

表3.5 2020年全球上游激光龙头企业营业收入及直接出货情况

排名	国家	企业	营业收入/亿元	直接出货情况	营业收入合计/亿元
1	美国	Ⅱ-VIIncorporated	31.13	29.04亿元	31.13
2	中国	光库科技	4.92	308.03万片	10.38
		福晶科技	5.46	256.98万片	

Ⅱ-VIIncorporated的激光业务包括面向商业和政府部门的直接出货部分和提供的服务部分,其中激光业务直接出货占比达到93.29%。2020年,Ⅱ-VIIncorporated激光芯片及器件直接出货价值29.04亿元,实现激光业务营业收入31.13亿元[①]。中国企业光库科技实现激光业务营业收入4.92亿元。福晶科技实现激光业务营业收入5.46亿元。具体激光业务营业收入情况如图3.9所示。

2)中游

本书所比较的激光产业的中游龙头企业主要包括IPG、Coherent、nLIGHT、杰普特光电、锐科激光,其中IPG、Coherent、nLIGHT为美国企业,杰普特光电、锐科激光为中国企业。这些企业也是全球最主要的激光产业中游的龙头企业。以IPG、Coherent、nLIGHT为代表的美国企业激光业务收入为167.33亿元,在全球市场占有主要地位,排名第一,产品竞争力较强;以杰普特光电、锐科激光为代表的中国企业激光业务收入为31.71亿元,虽然排名第二,但与美国企业相比仍然具有较大的差距。全球中游激光龙头企业营业收入及直接出货情况见表3.6。

---

① 2019年7月1日起,Ⅱ-VIIncorporated重新调整了其经营分部的组成,将激光解决方案和性能产品合并,更名为复合半导体。本节所述激光业务营业收入,按照2016~2019年激光解决方案营业收入占其与性能产品营业收入合计的比例计算得到。

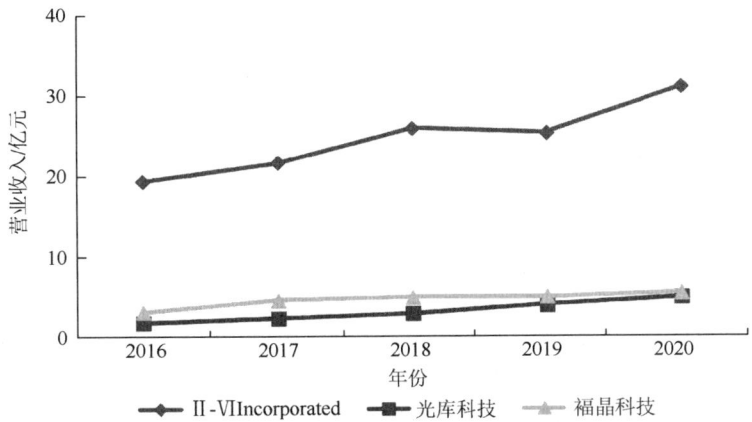

图 3.9 2016～2020 年全球上游激光龙头企业激光业务营业收入

表 3.6 2020 年全球中游激光龙头企业营业收入及直接出货情况

排名	国家	企业	营业收入/亿元	细分市场	直接出货价值/亿元	营业收入合计/亿元
1	美国	IPG	76.85	高功率连续激光器	41.35	167.33
				中功率连续激光器	3.25	
				脉冲激光器	10.14	
				准连续激光器	3.22	
				激光系统	6	
				其他组件	12.89	
		Coherent	78.65	OEM 激光源	48.57	
				工业激光器及系统	30.08	
		nLIGHT	11.83	—	—	
2	中国	杰普特光电	8.54	激光器	4.12	31.71
				激光/光学智能装备	3.79	
				光纤器件	0.30	
				其他组件	0.33	
		锐科激光	23.17	连续光纤激光器	17.56	
				脉冲光纤激光器	3.39	
				超快激光器	0.55	
				其他组件	1.67	

IPG 的激光业务主要包括高功率连续激光器、中功率连续激光器、脉冲激光器、准连续激光器及激光系统。2020 年，IPG 高功率连续激光器直接出货价值 41.35 亿元；中功率连续激光器直接出货价值 3.25 亿元；脉冲激光器直接出货价值 10.14 亿元；准连续激光器直接出货价值 3.22 亿元，实现激光业务营业收入 76.85 亿元。Coherent 激光业务主要包括 OEM 激光源和工业激光器及系统。2020 年，Coherent 工业激光器及系统直接出货价值 30.08 亿元，实现激光业务营业收入 78.65 亿元。2020 年，nLIGHT 实现激光业务营业收入 11.83 亿元。

2020 年，中国企业杰普特光电激光器直接出货量 2.04 万台，出货价值 4.12 亿元，实现激光业务营业收入 8.54 亿元。2020 年，锐科激光包括连续光纤激光器、脉冲光纤激光器、超快激光器在内的光电子器件直接出货量 7.52 万台，直接出货价值 21.5 亿元，实现激光业务营业收入 23.17 亿元。2016～2020 年全球中游激光龙头企业激光业务营业收入情况如图 3.10 所示。

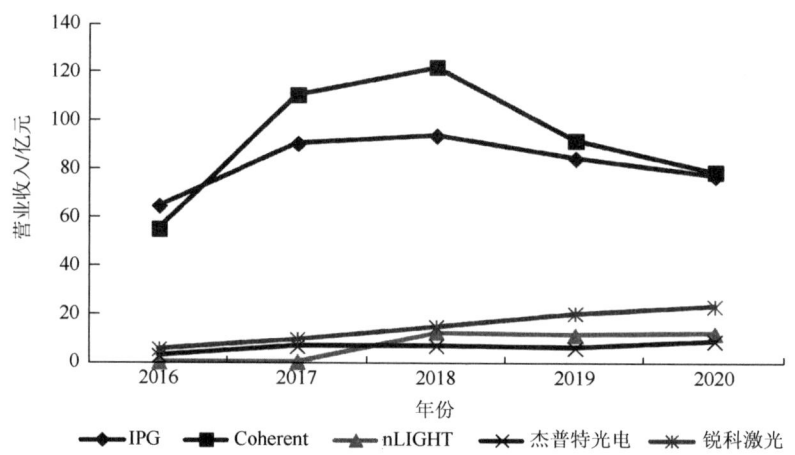

图 3.10 2016～2020 年全球中游激光龙头企业激光业务营业收入

3）下游

本书比较的激光产业的下游龙头企业主要包括大族激光、华工科技、帝尔激光和 TRUMPF，其中 TRUMPF 为德国企业，大族激光、华工科技、帝尔激光为中国企业。下游企业中中国企业显示出比较优势，2020 年以大族激光、华工科技、帝尔激光为代表的中国企业激光业务营业收入为 191.52 亿元，排名世界第一，产品竞争力较强；以 TRUMPF 为代表的德国企业激光业务营业收入为 91.81 亿元，排名世界第二。充分体现了中国的激光应用市场所具有的重要地位。2020 年全球下游激光龙头企业营业收入及直接出货情况见表 3.7。

表 3.7 2020 年全球下游激光龙头企业营业收入及直接出货情况

排名	国家	企业	业务收入/亿元	设备细分市场	直接出货价值/亿元	业务收入合计/亿元
1	中国	大族激光	119.42	激光及自动化配套设备	90.29	191.52
		华工科技	61.38	激光加工系列成套设备	18.88	
				激光全息防伪系列产品	4.28	
		帝尔激光	10.72	太阳能电池激光加工设备	10.29	
2	德国	TRUMPF	91.81	—	—	91.81

受到全球经济下行和新冠肺炎疫情暴发的影响，2020 年 TRUMPF 激光业务营业收入约 91.81 亿元，较上一财年减少 13.1%。2020 年，中国企业大族激光实现激光及自动

化配套设备直接出货价值 90.29 亿元，激光业务营业收入 119.42 亿元。华工科技实现激光加工系列成套设备直接出货价值 18.88 亿元，激光全息防伪系列产品直接出货价值 4.28 亿元，激光业务营业收入 61.38 亿元。帝尔激光实现太阳能电池激光加工设备直接出货价值 10.29 亿元，激光业务营业收入 10.72 亿元。2016～2020 年全球下游激光龙头企业激光业务营业收入如图 3.11 所示。

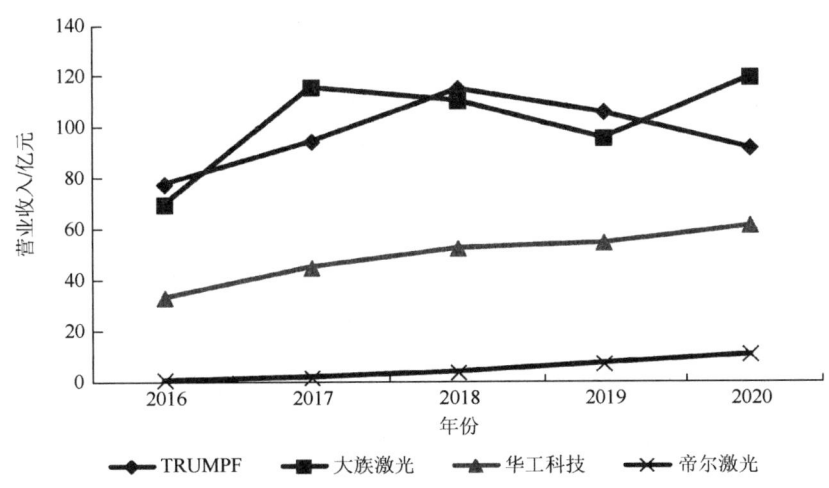

图 3.11　2016～2020 年全球下游激光龙头企业激光业务营业收入

综合而言：激光产业上游，美国的 II-VI Incorporated 激光业务营业收入规模大，产品竞争力较强，中国企业激光业务营业收入规模差距较为明显；激光产业中游，美国企业 IPG 和 Coherent 激光业务营业收入规模突出，两家企业激光器占有较大的市场份额，产品竞争力较强；激光产业下游，德国企业 TRUMPF 和中国企业大族激光的激光业务营业收入规模较大，两家企业同为激光及配套设备的供应商，在材料加工领域产品竞争力不相上下。

2. 产品性能

光纤激光器领域，美国企业 IPG 的 MOPA 脉冲光纤激光器实现了单模最大平均功率 300 W，频率范围覆盖 2～2000 kHz，脉冲宽度达到 30～1500 ns，最大单脉冲能量 10 mJ，综合性能处于领先的水平。

从单项指标来看：中国企业创鑫激光的 MOPA 脉冲光纤激光器单模最大平均功率 100～300 W，基本达到 IPG 的功率水平；中国的杰普特光电和美国的 SPI 的 MOPA 脉冲光纤激光器频率范围为 1～4000 kHz，覆盖的频率范围优于 IPG；美国企业 SPI 的 MOPA 脉冲光纤激光器在脉冲宽度和光束质量两项指标上，表现出优越的性能，实现 3～2000 ns 的脉冲宽度，光束质量小于 1.6，具有更高的能量密度和加工精度；最大单脉冲能量指标依然是美国企业 IPG 最优，杰普特光电、SPI、锐科激光和创鑫激光尚有一定的差距。国内外 MOPA 脉冲光纤激光器龙头企业产品对比情况见表 3.8。

表 3.8 国内外 MOPA 脉冲光纤激光器龙头企业产品对比

关键指标	杰普特光电	IPG	SPI	锐科激光	创鑫激光
单模最大平均功率/W	200	300	200	100	100~300
频率范围/kHz	1~4000	2~2000	1~4000	20~200	1~1000
脉冲宽度/ns	2~500	30~1500	3~2000	50~130	60~350
最大单脉冲能量/mJ	1.5	10	1	1	1.33

在纳秒固体激光器领域，中国英诺激光的产品综合性能参数与美国光谱物理接近。绿光范围内，光谱物理平均输出功率 40 W，英诺激光平均输出功率 50 W；光谱物理重复频率范围 0~500 kHz，英诺激光重复频率范围 30~300 kHz；光谱物理最大单脉冲能量 400 μJ，英诺激光最大单脉冲能量 1000 μJ；两家企业光束质量均小于 1.2。紫光范围内，光谱物理平均输出功率 45 W，英诺激光平均输出功率 30 W；光谱物理重复频率范围 0~500 kHz，英诺激光重复频率范围 30~300 kHz；光谱物理最大单脉冲能量 300 μJ，英诺激光最大单脉冲能量 600 μJ；两家企业光束质量均小于 1.2。

在皮秒级超快激光器领域，中国企业英诺激光的产品综合性能参数优于美国光谱物理。英诺激光平均输出功率 100 W，光谱物理平均输出功率 50 W；英诺激光重复频率范围 50 kHz~20 MHz，光谱物理重复频率范围最大 10 kHz；英诺激光最大单脉冲能量 300 μJ，光谱物理最大单脉冲能量 200 μJ；英诺激光光束质量均小于 1.2，光谱物理光束质量均小于 1.3。具体产品对比情况见表 3.9。

表 3.9 国内外固体激光器龙头企业产品对比

产品	波长范围	关键指标	光谱物理	英诺激光
纳秒固体激光器	绿光	平均输出功率	40 W	50 W
		重复频率范围	0~500 kHz	30~300 kHz
		最大单脉冲能量	400 μJ	1000 μJ
		光束质量 M2	<1.2	<1.2
	紫光	平均输出功率	45 W	30 W
		重复频率范围	0~500 kHz	30~300 kHz
		最大单脉冲能量	300 μJ	600 μJ
		光束质量 M2	<1.2	<1.2
	深紫外	平均输出功率	未公开	50 W
		重复频率范围		1~100 kHz
		最大单脉冲能量		167 μJ
		光束质量 M2		<1.2
皮秒级超快激光器	红外	平均输出功率	50 W	100 W
		重复频率范围	最大 10 kHz	50 kHz~20 MHz
		最大单脉冲能量	200 μJ	300 μJ
		光束质量 M2	<1.3	<1.2

综合而言：在光纤激光器领域，以美国企业 IPG 的 MOPA 脉冲光纤激光器综合性能最优，中国企业杰普特光电和创鑫激光尽管能在最大平均功率上与 IPG 接近，但在脉冲宽度和最大单脉冲能量方面仍然不及 IPG；在固体激光器领域，中国企业英诺激光略优于美国企业光谱物理，产品竞争力更强。

3.2.2 盈利能力

1. 毛利率和净利率

从全球激光龙头企业的盈利能力来看，2020 年毛利率较高的 5 家企业依次为福晶科技、帝尔激光、IPG、光库科技及大族激光。其中，福晶科技毛利率为 54.9%，帝尔激光毛利率为 46.54%，IPG 毛利率为 44.9%，光库科技毛利率为 44.01%，大族激光毛利率为 40.11%。

2020 年净利率较高的 5 家企业依次为帝尔激光、福晶科技、锐科激光、IPG 及光库科技。其中，帝尔激光净利率为 34.8%，福晶科技净利率为 27.23%，锐科激光净利率为 13.49%，IPG 净利率为 13.3%，光库科技净利率为 12.33%。相对地，II-VI Incorporated、nLIGHT 和 Coherent 这 3 家企业 2020 年的净利率均为负值，分别为 -2.8%、-9.4% 和 -33.7%。其中，Coherent 净利率负值较大，主要是因为 2020 年新冠肺炎疫情对全球经济产生的不利影响、中美贸易摩擦对其抢占中国市场的负面作用、日韩平板显示制造和半导体行业相关材料进出口限制政策的抑制效应等，导致 Coherent 当年的订单量大幅下滑。

结合毛利率和净利率两个指标的整体情况来看，目前激光上游器件和中游激光器企业的毛利率和净利率仍维持在较高水平。具体来说，帝尔激光、福晶科技、IPG 和光库科技 4 家企业的综合盈利能力较强，而在上述企业中，有 3 家均为中国企业，说明中国部分激光龙头企业的盈利能力已赶超国际先进水平。具体情况见表 3.10。

表 3.10 2020 年全球激光龙头企业毛利率和净利率的具体情况

企业	2020 年毛利率		2020 年净利率		产业链位置	国家
	毛利率/%	排名	净利率/%	排名		
帝尔激光	46.54	2	34.80	1	下游	中国
福晶科技	54.90	1	27.23	2	上游	中国
锐科激光	29.07	10	13.49	3	中游	中国
IPG	44.90	3	13.30	4	中游	美国
光库科技	44.01	4	12.33	5	上游	中国
华工科技	23.77	12	8.81	6	下游	中国
大族激光	40.11	5	8.32	7	下游	中国
TRUMPF	39.06	6	5.52	8	下游	德国
杰普特光电	30.89	9	5.16	9	中游	中国
II-VI Incorporated	34.40	7	-2.80	10	上游	美国
nLIGHT	26.60	11	-9.40	11	中游	美国
Coherent	33.40	8	-33.70	12	中游	美国

2. 毛利率的成长性

从全球激光龙头企业的毛利率同比情况来看，2020年毛利率同比增长的企业仅4家，分别是光库科技、福晶科技、锐科激光和大族激光，均为中国企业。其中：大族激光的毛利率同比增长17.90%，增长幅度较高；光库科技、福晶科技和锐科激光的毛利率同比增长分别为3.87%、2.48%和1.01%，3家企业虽然毛利率有所增长，但增幅很小。在上述保持毛利率同比增长的企业中，有3家属于中上游企业，1家为下游企业，由此可见，面对2020年新冠肺炎疫情的负面影响，中国激光龙头企业较国外企业更具备抵御能力，且中上游的高附加值型企业抗风险的能力更强。具体情况见表3.11。

表 3.11　2020 年毛利率增长的激光龙头企业概况

企业	毛利率/%		同比/%	产业链位置
	2019 年	2020 年		
光库科技	42.37	44.01	3.87	上游
福晶科技	53.57	54.90	2.48	上游
锐科激光	28.78	29.07	1.01	中游
大族激光	34.02	40.11	17.90	下游

除上述4家企业保持了毛利率的增长外，包括帝尔激光、nLIGHT、杰普特光电等在内的另外8家企业2020年的毛利率均呈现下降趋势。其中，同比下降程度超过10%的企业有4家，包括帝尔激光、杰普特光电、II-VI Incorporated 和 nLIGHT。帝尔激光的毛利率同比下降16.69%，杰普特光电的毛利率同比下降14.79%，II-VI Incorporated 的毛利率同比下降10.18%，nLIGHT 的毛利率同比下降10.14%。此外，华工科技的毛利率同比下降5.94%，IPG、Coherent 和 TRUMPF 的毛利率分别下降2.60%、1.76%和0.69%。由此可见，下游激光企业的毛利率降幅较中上游要大，且国外激光企业受疫情波及较国内企业更严重。具体情况见表3.12。

表 3.12　2020 年毛利率降低的激光龙头企业概况

企业	毛利率/%		同比/%	产业链位置
	2019 年	2020 年		
II-VI Incorporated	38.30	34.40	−10.18	上游
IPG	46.10	44.90	−2.60	中游
Coherent	34.00	33.40	−1.76	中游
nLIGHT	29.60	26.60	−10.14	中游
杰普特光电	36.25	30.89	−14.79	中游
华工科技	25.27	23.77	−5.94	下游
帝尔激光	55.86	46.54	−16.69	下游
TRUMPF	39.33	39.06	−0.69	下游

从全球激光龙头企业的毛利率总体趋势来看，2016~2020 年，整体保持增长趋势的仅有福晶科技和大族激光，年均复合增长率分别为 0.37% 和 1.21%，增幅很小，说明近 5 年来，全球激光龙头企业的毛利率成长性较差。具体情况如图 3.12 所示。

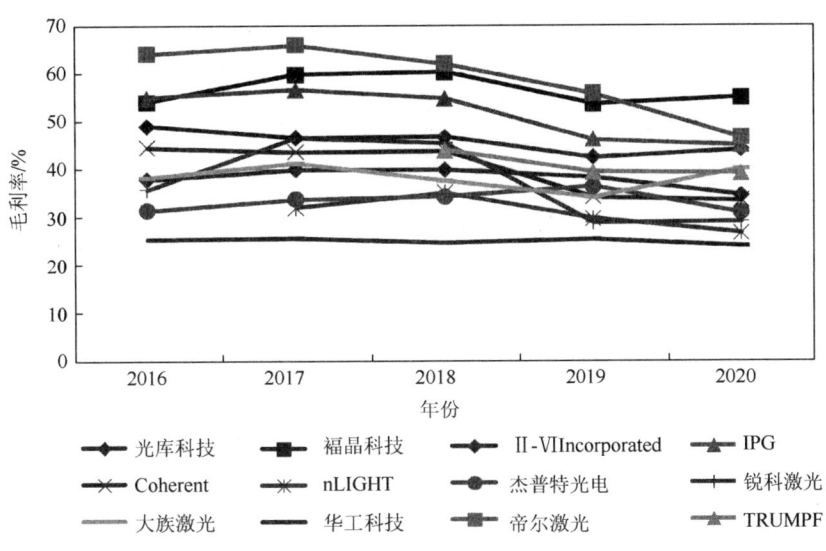

图 3.12 2016~2020 年全球激光龙头企业毛利率情况

从全球激光龙头企业的毛利率年均变化趋势来看，2017 年除光库科技和 Coherent 以外，大部分代表性激光龙头企业的毛利率都保持了增长态势。到 2018 年，毛利率同比下降的企业变多，除光库科技、Coherent、福晶科技、nLIGHT 以及杰普特光电的毛利率同比增长以外，II-VIIncorporated、IPG、锐科激光、大族激光、华工科技以及帝尔激光的毛利率出现了下滑。这是因为受到美国贸易战的影响，中国、欧洲以及其他相关国家在 2018 年纷纷制定了针对美国的关税政策，激光产品的进出口受到一定影响。至 2019 年，毛利率同比下降的企业进一步增多，仅杰普特光电和华工科技两家中国激光龙头企业的毛利率保持了增长趋势，其余代表性激光龙头企业的毛利率均有所下降。这是由中美贸易关系的不确定性、国际市场需求疲软以及全球经济下行等不利因素所致。到 2020 年，受新冠肺炎疫情的负面影响，除光库科技、福晶科技、锐科激光以及大族激光的毛利率有所增长以外，其余代表性激光龙头企业的毛利率下降。具体情况见表 3.13。

表 3.13 2017~2020 年全球激光龙头企业毛利率增减情况

企业	2017 年	2018 年	2019 年	2020 年
光库科技	↓	↑	↓	↑
福晶科技	↑	↑	↓	↑
II-VIIncorporated	↑	↓	↓	↓
IPG	↑	↓	↓	↓
Coherent	↓	↑	↓	↓

续表

企业	2017年	2018年	2019年	2020年
nLIGHT	—	↑	↓	↓
杰普特光电	↑	↑	↑	↓
锐科激光	↑	↓	↓	↓
大族激光	↑	↓	↓	↑
华工科技	↑	↓	↑	↓
帝尔激光	↑	↓	↓	↓
TRUMPF	—	—	↓	↓

3. 净利率的成长性

从全球激光龙头企业的净利率同比情况来看，2020 年净利率同比增长的企业仅大族激光 1 家，其净利率同比增长 29.19%，这是因为国内新冠肺炎疫情的有效控制以及消费类电子业务需求好于预期，使得大族激光印制电路板（printed-circuit board，PCB）业务订单及发货均较上年度大幅增长，且得益于公司运用在应用控制、伺服驱动等方面的技术积累，在短时间内研发出全系列口罩自动化生产线，并形成稳定出货能力，对公司业绩产生积极影响。2020 年净利率增长的激光龙头企业概况见表 3.14。

表 3.14　2020 年净利率增长的激光龙头企业概况

企业	净利率/%		同比/%	产业链位置
	2019 年	2020 年		
大族激光	6.44	8.32	29.19	下游

除大族激光通过顺势改变了销售产品的结构以保持了净利率的增长外，包括光库科技、福晶科技、II-VI Incorporated、IPG、Coherent 等在内的另外 11 家代表性激光龙头企业 2020 年的净利率均呈现下降趋势。其中，Coherent 和 II-VI Incorporated 两家企业的净利率出现骤减，且由正值变为负值，因此同比下降率很高。Coherent 的净利率同比下降率高达 986.84%，II-VI Incorporated 的净利率同比下降率为 135.44%。这两家企业受新冠肺炎疫情影响较大。此外，净利率同比下降程度超过 10%的企业还有 5 家，包括光库科技、nLIGHT、杰普特光电、锐科激光和帝尔激光。其中杰普特光电的净利率同比下降达到了 54.70%，说明该企业受到了比较大的影响。而美国的 nLIGHT、中国的帝尔激光、锐科激光、光库科技等 4 家企业的净利率同比下降在 18%～29%，反映了这些企业虽然受到一些影响，但是由于自身具有一定的应对外部风险的灵活性，能抵御一定的风险。

还有一些企业的净利率同比虽有下降，但降幅较低，净利率同比下降在 0.4%～3%，包括福晶科技、IPG、TRUMPF 和华工科技 4 家企业，体现了这些企业的抗风险能力更强，并更具有灵活性。同时我们比较发现，激光企业净利率与毛利率的同比趋势并不完全一致，下游激光企业的净利率降幅较中上游相对低，主要是因为下游企业的应用市场领域更加广泛，产品替代弹性和结构应变能力较强，较中上游企业更具备应对外部风险的灵活性。2020年净利率降低的激光龙头企业概况见表3.15。

表3.15 2020年净利率降低的激光龙头企业概况

企业	净利率/%		同比/%	产业链位置
	2019年	2020年		
Coherent	3.80	−33.70	−986.84	中游
Ⅱ-ⅥIncorporated	7.90	−2.80	−135.44	上游
杰普特光电	11.39	5.16	−54.70	中游
nLIGHT	−7.30	−9.40	−28.77	中游
帝尔激光	43.60	34.80	−20.18	下游
锐科激光	16.84	13.49	−19.89	中游
光库科技	15.16	12.33	−18.67	上游
IPG	13.70	13.30	−2.92	中游
华工科技	9.07	8.81	−2.87	下游
TRUMPF	5.55	5.52	−0.54	下游
福晶科技	27.34	27.23	−0.40	上游

从全球激光龙头企业的净利率总体趋势来看，2016~2020年，整体保持增长趋势的仅福晶科技、杰普特光电和华工科技。其中：福晶科技和华工科技的净利率年均复合增长率分别为3.72%和5.25%，增幅较小；杰普特光电的净利率年均复合增长率为20.59%，虽然增幅较为突出，但2020年杰普特光电的净利率绝对值较小，仅为5.16%。说明近5年来，全球激光龙头企业的净利率成长性并不优越，激光行业内部竞争激烈，宏观经济的波动以及主流技术的更新换代等因素都将导致各大激光龙头企业的重点客户的需求不断提升，导致企业预期之外的订单量下降，从而对激光企业整体业务的销售收入、毛利率和净利率等指标构成较大不利影响。具体情况如图3.13所示。

从全球激光龙头企业的净利率年均变化趋势来看，2017年，除光库科技、IPG、TRUMPF和华工科技4家代表性激光龙头企业以外，大部分企业的净利率都保持了增长态势。到2018年，净利率同比下降的企业仅Ⅱ-ⅥIncorporated和华工科技两家企业，这与毛利率的变化趋势并不一致，说明在外部因素阻滞各大激光龙头企业毛利率维稳的情况下，不少企业都在努力通过调整成本结构，来保证盈利能力。至2019年，净利率同比下降的企业骤增，仅Ⅱ-ⅥIncorporated和华工科技两家激光龙头企业的净利率出现一定增长，主要是因为这两家企业在2018年已经出现了净利率下降的情况，因此采取了费用管控系统化、生产管控精益化等方式来实现管理提质，持续降本以提升净利润的方式，使其经营业绩得以重振。其余代表性激光龙头企业的净利率均有所下降，说明中美贸易摩擦、全球经济放缓以及国际市场需求疲软等因素缩小了绝大部分激光龙头企业的盈利空间。到2020年，新冠肺炎疫情席卷全球，激光产业进一步受到负面影响，除大族激光通

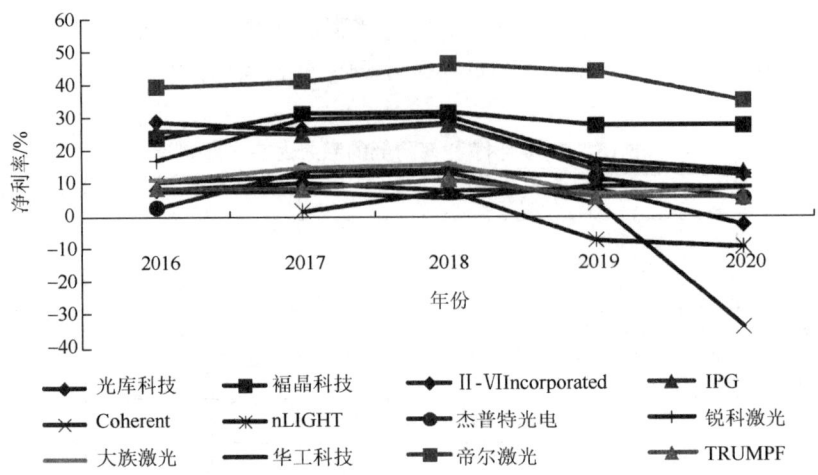

图 3.13　2016～2020 年全球激光龙头企业净利率情况

过布局口罩自动化生产线从而改变销售产品结构以保持净利率增长之外,其余代表性激光龙头企业的净利率仍然持续下降。具体情况见表 3.16。

表 3.16　2017～2020 年全球激光龙头企业净利率增减情况

企业	2017 年	2018 年	2019 年	2020 年
光库科技	↓	↑	↓	↓
福晶科技	↑	↑	↓	↓
Ⅱ-VIIncorporated	↑	↓	↑	↓
IPG	↓	↑	↓	↓
Coherent	↑	↓	↓	↓
nLIGHT	—	↑	↓	↓
杰普特光电	↑	↑	↓	↓
锐科激光	↑	↑	↓	↓
大族激光	↑	↑	↓	↑
华工科技	↓	↓	↑	↑
帝尔激光	↑	↑	↓	↓
TRUMPF	↓	↑	↓	↓

3.3　创新竞争力

3.3.1　研发投入

1. 人员投入

从全球激光龙头企业的研发人员投入来看,2020 年研发人员数超过 1000 人的企业有

4家,其中:大族激光和Ⅱ-VI Incorporated 的研发人员数分别为4825人和4058人,研发人员规模遥遥领先;其次是 TRUMPF 和华工科技,其研发人员数分别为2201人和1821人,研发人员规模较大。研发人员数超过500人但不足1000人的企业有3家,由多到少依次是 IPG 的660人、杰普特光电的600人以及 Coherent 的597人。其他代表性激光龙头企业2020年的研发人员数不足500人,其中,锐科激光的研发人员数为425人,光库科技的研发人员数为305人,福晶科技的研发人员数为190人,帝尔激光的研发人员数为160人。由此可见,各激光龙头企业的研发人员投入规模与其整体员工规模的情况较为一致,即下游激光企业较中上游激光企业的研发人员投入更多。此外,从同层产业链角度来看,杰普特光电在中游领域与美国龙头企业 IPG 和 Coherent 的研发人员规模不相上下,华工科技在下游领域与德国龙头企业 TRUMPF 的研发人员规模大小相当,大族激光2020年的研发人员数更是居于全球代表性激光龙头企业样本中的第一位,说明中国激光龙头企业在研发方面的人力资源投入处于国际前列。

2020年研发人员占比超过20%的代表性激光龙头企业有5家,其中,杰普特光电的研发人员占比为46.73%,大族激光的研发人员占比为34.04%,帝尔激光的研发人员占比为32.59%,华工科技的研发人员占比为24.77%,光库科技的研发人员占比为23.81%。由此可见,研发人员占比较高的激光龙头企业均为中国企业,进一步体现了中国激光企业的研发人力投入水平国际领先。具体情况见表3.17。

表3.17 2020年全球激光龙头企业研发人员投入及占比情况

企业	2020年员工规模		2020年研发人员投入		2020年研发人员占比		产业链位置	国家
	员工总人数/人	排名	研发人员数/人	排名	占比/%	排名		
杰普特光电	1284	9	600	6	46.73	1	中游	中国
大族激光	14174	1	4825	1	34.04	2	下游	中国
帝尔激光	491	12	160	11	32.59	3	下游	中国
华工科技	7352	4	1821	4	24.77	4	下游	中国
光库科技	1281	10	305	9	23.81	5	上游	中国
Ⅱ-VI Incorporated	22969	2	4058	2	17.67	6	上游	美国
锐科激光	2532	7	425	8	16.79	7	中游	中国
TRUMPF	14325	3	2201	3	15.36	8	下游	德国
福晶科技	1325	8	190	10	14.34	9	上游	中国
Coherent	4875	6	597	7	12.25	10	中游	美国
IPG	6060	5	660	5	10.89	11	中游	美国
nLIGHT	1275	11	—		—		中游	美国

注:nLIGHT 的财报中未单独统计研发人员数。

从全球激光龙头企业的研发人员规模年均变化趋势来看,总体趋势呈现逐年递增的态势。这与激光产业的高科技特性密切相关。主要龙头企业必须通过提高科技水平和研发水平来帮助企业获得更好的发展。比如:中国的锐科激光的研发人员数年均复合增长率达到 29.31%；光库科技的研发人员数年均复合增长率达到 26.80%；美国 II-VI Incorporated 的研发人员数年均复合增长率高达 46.05%。上述 3 家企业的研发人员数年均复合增长率均超过 20%，增长水平较高。

也有一些企业研发人员数年均复合增长率超过 10%但不足 20%，如中国的大族激光、福晶科技和美国的 Coherent 等。其中：大族激光的研发人员数年均复合增长率为 12.37%；福晶科技的研发人员数年均复合增长率为 10.16%；Coherent 的研发人员数年均复合增长率为 10.81%，仍然是增长的趋势。而研发人员数年均复合增长率均不足 10%的 IPG、华工科技和 TRUMPF 等企业总体还是保持平稳趋势，并没有出现大幅度减少的情况。由此可见，激光中上游龙头企业在研发方面的人力资源投入力度较下游企业更大。具体趋势如图 3.14 所示。

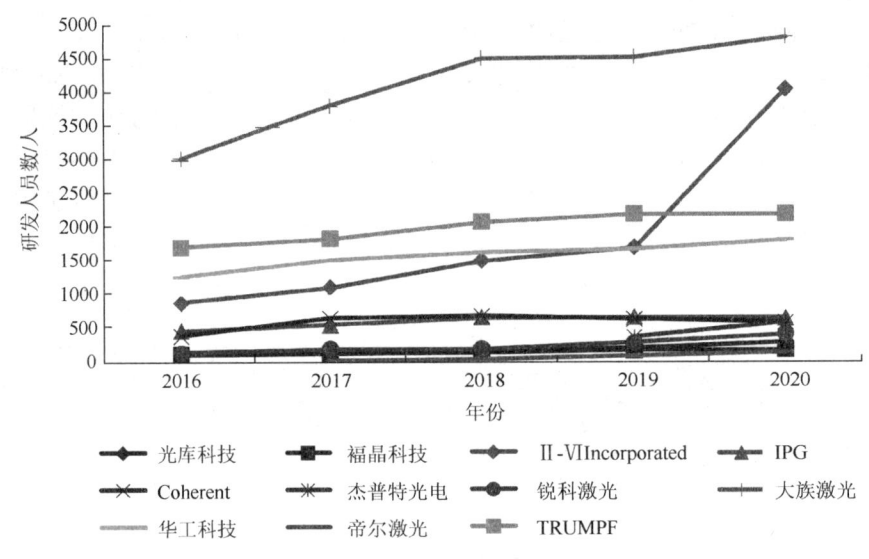

图 3.14　2016～2020 年全球激光龙头企业研发人员数趋势

注：杰普特光电的财报中只统计了 2019～2020 年的研发人员数；帝尔激光的财报中只统计了 2017～2020 年的研发人员数

从全球激光龙头企业的研发人员规模同比情况来看，2020 年研发人员数同比呈现明显的两极分化趋势。研发人员数同比保持增长的企业中，以下 4 家企业的增幅遥遥领先：II-VIIncorporated 的研发人员数同比增长 137.73%，杰普特光电的研发人员数同比增长 57.89%，帝尔激光的研发人员数同比增长 44.14%，锐科激光的研发人员数同比增长 42.62%。其中，II-VIIncorporated 在 2020 年收购了 Ascatron、Innovion 两家半导体器件公司，因此在人员规模上有大幅提升。此外，华工科技、大族激光和福晶科技 2020 年的研发人员数同比也有增长，但增幅较小。其中，华工科技的研发人员数同比增长 7.62%，大族激光的研发人员数同比增长 6.49%，福晶科技的研发人员数同比增长 3.83%。而 IPG、Coherent 和 TRUMPF 2020 年的研发人员数同比有一定下降，但降幅很小。由此可见，研发人员数增幅较高的激光龙头企业大多为中国企业，说明中国激光龙头企业抵抗疫情影响、维持研发实力的能力较强。具体情况如图 3.15 所示。

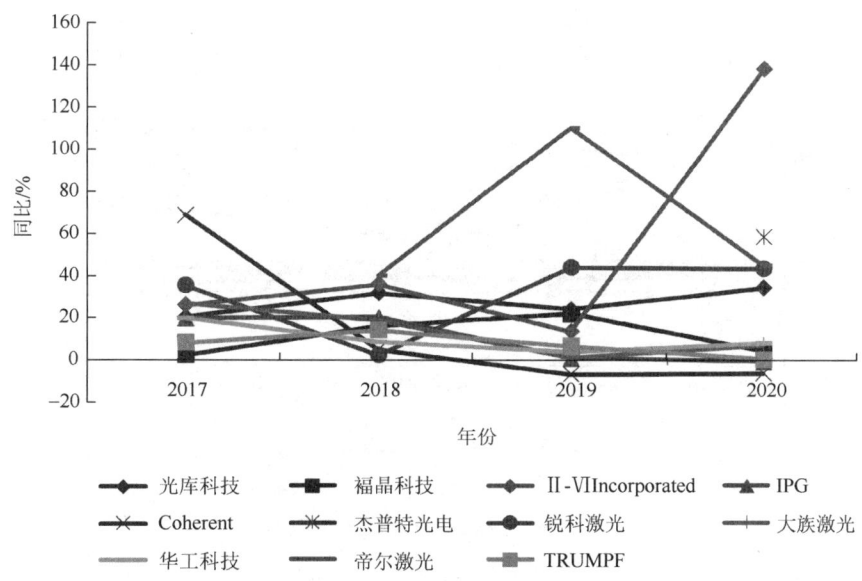

图 3.15　2017～2020 年全球激光龙头企业研发人员数同比情况

注：杰普特光电的财报中只统计了 2019～2020 年的研发人员数；帝尔激光的财报中只统计了 2018～2020 年的研发人员数

从全球激光龙头企业的研发人员占比年均变化趋势来看，2016～2020 年，各激光龙头企业的研发人员占比年均趋势增减参半。年均保持增长的企业有 II-VIIncorporated、大族激光、华工科技、福晶科技和 TRUMPF。其中：II-VIIncorporated 的研发人员占比从 10%增至 17.7%，年均复合增长率为 15.34%；大族激光的研发人员占比从 30.86%增至 34.04%，年均复合增长率为 2.48%；华工科技的研发人员占比从 22.6%增至 24.77%，年均复合增长率为 2.32%；福晶科技的研发人员占比从 13.56%增至 14.34%，年均复合增长率为 1.41%；TRUMPF 的研发人员占比从 15.3%增至 15.4%，年均复合增长率为 0.16%。而光库科技、IPG、Coherent、锐科激光等企业的研发人员占比年均呈现下降趋势。其中，锐科激光的研发人员占比从 30.96%下降至 16.79%，年均下降率为 14.19%；Coherent 的研发人员占比从 14.2%下降至 12.2%，年均下降率为 3.72%；光库科技研发人员占比从 26.76%下降至 23.81%，年均下降率为 2.88%；IPG 的研发人员占比从 11.1%下降至 10.9%，年均下降率为 0.45%。由此可见，与研发人员绝对规模的发展情况相反，激光中上游龙头企业的研发人员占整体员工人数的比例较下游企业反而更低。具体情况如图 3.16 所示。

从全球激光龙头企业的研发人员占比的同比情况来看，2020 年研发人员占比同比保持增长的企业中：II-VIIncorporated 和帝尔激光增势较为突出，两家企业的研发人员占比同比增长分别为 29.20%和 29.17%；其次是锐科激光和杰普特光电，两家企业的研发人员占比同比增长分别为 17.00%和 14.25%；光库科技和 TRUMPF 的研发人员占比同比也有一定增长，分别为 9.22%和 1.32%，增幅较小。此外，福晶科技、IPG、Coherent、大族激光和华工科技等企业的研发人员占比同比有一定下降，但降幅均在 1%～3%，变化不大。由此可见，从研发人员的相对规模的同比情况来看，中国与美国、德国激光龙头企业的变化趋势较为一致，中国激光龙头企业的研发人员投入比例符合国际形势。具体的同比情况如图 3.17 所示。

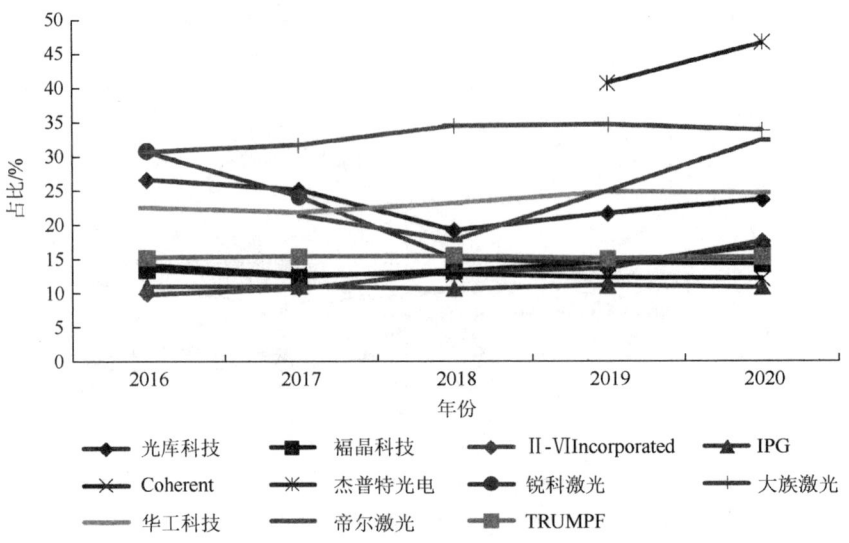

图 3.16　2016～2020 年全球激光龙头企业研发人员占比情况

注：杰普特光电的财报中只统计了 2019～2020 年的研发人员数；帝尔激光的财报中只统计了 2017～2020 年的研发人员数

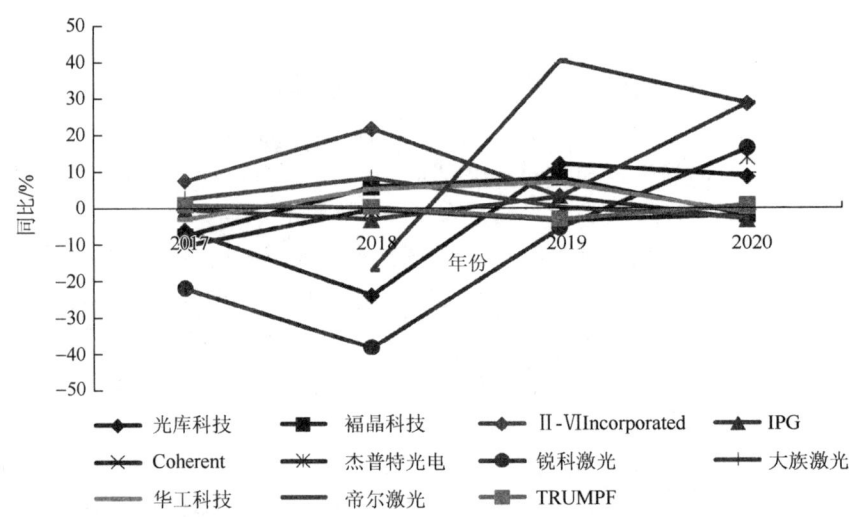

图 3.17　2017～2020 年全球激光龙头企业研发人员占比的同比情况

注：杰普特光电的财报中只统计了 2019～2020 年的研发人员数；帝尔激光的财报中只统计了 2018～2020 年的研发人员数

2. 经费投入

从全球激光龙头企业的研发经费投入来看，2020 年，研发经费超过 10 亿元的企业有 TRUMPF、Ⅱ-VIIncorporated 和大族激光。其中，TRUMPF 的研发经费为 28.95 亿元，Ⅱ-VIIncorporated 的研发经费为 21.70 亿元，大族激光的研发经费为 12.87 亿元。研发经费超过 1 亿元但不足 10 亿元的企业有 IPG、Coherent、nLIGHT、华工科技、锐科激光和杰普特光电。其中，IPG 的研发经费为 8.12 亿元，Coherent 的研发经费为 7.40 亿元，nLIGHT 的研发经费为 2.63 亿元，华工科技的研发经费为 3.64 亿元，锐科激光的研发经费为 1.74 亿元,杰普特光电的研发经费为 1.01 亿元。其他代表性激光龙头企业 2020 年的研发经费不足 1 亿元,其中,福晶科技和帝尔激光的研发经费均为 0.56 亿元,光库科技的研发经费为 0.49 亿元。由此可见,中国激光龙头企业在研发方面的资金投入远不如国外激光龙头企业,尤其是中上游类型的企业,在研发经费额度上与国外企业差距较大,这与中上游企业本身的经营规模和营业收入的大小密切相关。

2020 年,大部分激光龙头企业的研发经费占营业收入的比例都超过了 10%。按研发经费占营业收入的比例从高到低来看,nLIGHT 的研发经费占比为 18.50%,Ⅱ-Ⅵ Incorporated 的研发经费占比为 14.20%,杰普特光电的研发经费占比为 11.78%,TRUMPF 的研发经费占比为 10.80%,大族激光的研发经费占比为 10.78%,IPG 的研发经费占比为 10.60%,福晶科技的研发经费占比为 10.30%,光库科技的研发经费占比为 10.00%。研发经费占营业收入的比例不足 10.00%的企业有 Coherent、锐科激光、华工科技和帝尔激光。其中,Coherent 的研发经费占比为 9.40%,锐科激光的研发经费占比为 7.53%,华工科技的研发经费占比为 5.93%,帝尔激光的研发经费占比为 5.26%。由此可见,研发经费占比比较高的激光龙头企业主要是中上游企业,且国外激光龙头企业的研发经费相对规模整体高于中国激光龙头企业,说明中国激光龙头企业的研发经费投入的相对规模与国际还存在一定差距。2020 年全球激光龙头企业研发经费投入及占比情况见表 3.18。

表 3.18　2020 年全球激光龙头企业研发经费投入及占比情况

企业	2020 年营业规模		2020 年研发经费投入		2020 年研发经费占比		产业链位置	国家
	营业收入/亿元	排名	研发经费/亿元	排名	占比/%	排名		
nLIGHT	14.27	8	2.63	7	18.50	1	中游	美国
Ⅱ-ⅥIncorporated	152.32	2	21.70	2	14.20	2	上游	美国
杰普特光电	8.56	10	1.01	9	11.78	3	中游	中国
TRUMPF	267.53	1	28.95	1	10.80	4	下游	德国
大族激光	119.42	3	12.87	3	10.78	5	下游	中国
IPG	76.86	5	8.12	4	10.60	6	中游	美国
福晶科技	5.46	11	0.56	11	10.30	7	上游	中国
光库科技	4.92	12	0.49	12	10.00	8	上游	中国
Coherent	78.66	4	7.40	5	9.40	9	中游	美国
锐科激光	23.17	7	1.74	8	7.53	10	下游	中国
华工科技	61.38	6	3.64	6	5.93	11	下游	中国
帝尔激光	10.72	9	0.56	10	5.26	12	下游	中国

注:2020 年营业规模和 2020 年研发经费投入均四舍五入取值;2020 年研发经费占比是按实际营业收入和研发经费计算的。

从全球激光龙头企业的研发经费规模年均变化趋势来看,2016~2020 年,除 IPG、Coherent 和 TRUMPF 3 家企业之外,绝大部分激光龙头企业的研发经费投入均呈逐年递增的态势。其中,研发经费年均复合增长率超过 50%的企业有帝尔激光、Ⅱ-ⅥIncorporated 和杰普特光电。帝尔激光的研发经费从 0.06 亿元增长至 0.56 亿元,年均复合增长率高达74.79%；Ⅱ-ⅥIncorporated的研发经费从3.87亿元增长至21.70亿元，年均复合增长率高达53.88%；杰普特光电的研发经费从0.19亿元增长至1.01亿元，年均复合增长率高达51.84%。研发经费年均复合增长率超过20%但不足50%的企业有锐科激光、光库科技、华工科技和大族激光。锐科激光的研发经费从0.38亿元增长至1.74亿元，年均复合增长率为46.28%；光库科技的研发经费从0.17亿元增长至0.49亿元，年均复合增长率为30.30%；华工科技的研发经费从1.6亿元增长至3.64亿元，年均复合增长率为22.81%；大族激光的研发经费从5.85亿元增长至12.87亿元，年均复合增长率为21.79%。研发经费年均复合增长率不足20%的企业有福晶科技、IPG、Coherent和TRUMPF。其中：福晶科技的研发经费从0.29亿元增长至0.56亿元，年均复合增长率为17.88%；IPG的研发经费从5.03亿元增长至8.12亿元，年均复合增长率为12.72%；Coherent的研发经费从5.24亿元增长至7.4亿元，年均复合增长率为9.01%；TRUMPF的研发经费从22.72亿元增长至28.95亿元，年均复合增长率为6.25%。由此可见，尽管国外激光龙头企业在研发方面的资金投入规模较大，但从研发经费规模的发展趋势来看，中国激光龙头企业一直保持研发资金投入规模的稳步增长，较国外激光龙头企业在技术和产品创新层面更具有发展潜力和成长空间。具体研发经费投入趋势如图3.18所示。

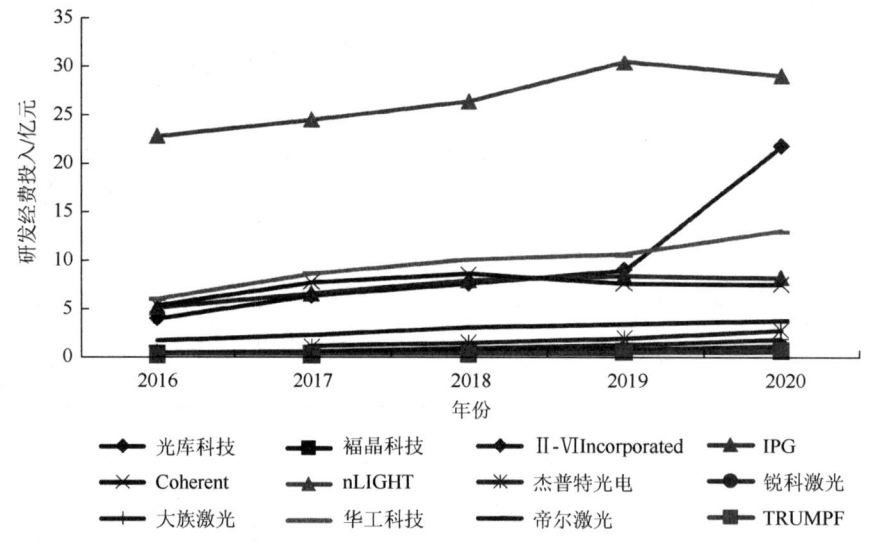

图3.18 2016~2020年全球激光龙头企业研发经费投入趋势

从全球激光龙头企业的研发经费规模同比情况来看，2020年研发经费同比情况与研发人员同比情况较为一致。由于Ⅱ-ⅥIncorporated在2020年收购了两家半导体公司，所以公司规模得以显著扩大，致使研发经费同比增长高达143.61%，明显高于其他代表性激光龙头企业研发经费的同比增幅。帝尔激光的研发经费同比增长57.01%，杰普特光电的研发经费同比增长50.86%，锐科激光的研发经费同比增长47.73%，nLIGHT的研发经费同比增长46.3%，光库科技的研发经费同比增长30.59%，大族激光的研发经费同比增长22.92%，华工科技的研发经费同比增长9.31%，福晶科技的研发经费同比增长3.7%。而

IPG、Coherent 和 TRUMPF 2020 年的研发经费同比有一定下降，但降幅很小。由此可见，同研发人员投入情况相似，研发经费增幅较高的激光龙头企业大多为中国企业，进一步说明中国激光龙头企业抵抗疫情影响、保持创新活力的能力较强。2017~2020 年全球激光龙头企业研发经费同比情况如图 3.19 所示。

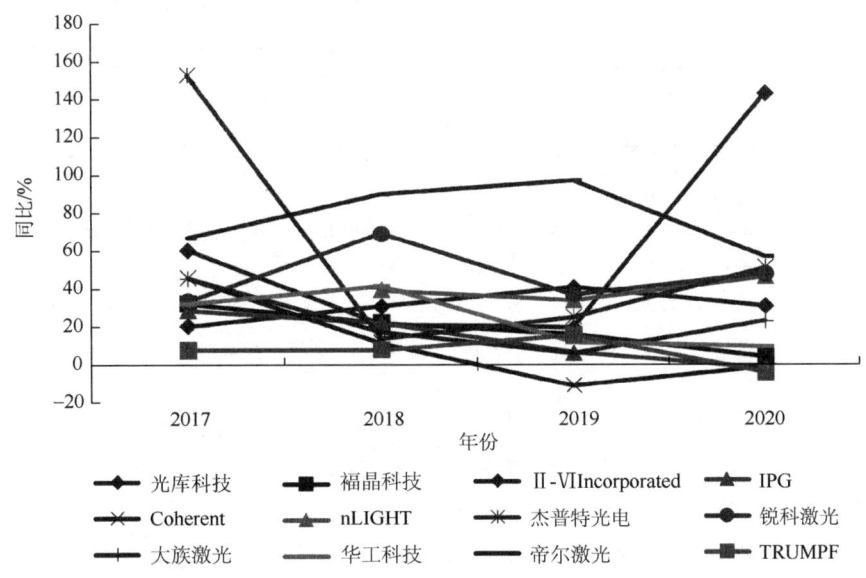

图 3.19　2017~2020 年全球激光龙头企业研发经费同比情况

从全球激光龙头企业的研发经费占比的年均变化趋势来看，2016~2020 年大部分激光龙头企业的研发经费占比整体呈增长趋势，但年均增幅都不高。其中，研发经费占比年均复合增长率超过 10%的企业仅有Ⅱ-ⅥIncorporated 和杰普特光电，两家企业的年均复合增长率分别为 18.1%和 12.71%。其他保持研发经费占比增长的激光龙头企业的年均增幅均不超过 10%，具体情况如下：IPG 的研发经费占比从 7.8%增至 10.6%，年均复合增长率为 7.97%；大族激光的研发经费占比从 8.41%增至 10.78%，年均复合增长率为 6.40%；华工科技的研发经费占比从 4.83%增至 5.93%，年均复合增长率为 5.26%；福晶科技的研发经费占比从 9.46%增至 10.3%，年均复合增长率为 2.15%；光库科技的研发经费占比从 9.7%增至 10%，年均复合增长率为 0.76%；TRUMPF 的研发经费占比从 10.5%增至 10.8%，年均复合增长率为 0.71%；锐科激光的研发经费占比从 7.35%增至 7.53%，年均复合增长率为 0.61%。而 Coherent 和帝尔激光的研发经费占比年均呈现下降趋势。其中：Coherent 的研发经费占比从 9.5%下降至 9.4%，年均下降率为 0.26%；帝尔激光的研发经费占比从 7.4%下降至 5.26%，年均下降率为 8.18%。由此可见，中国激光龙头企业的研发经费相对规模的整体增长水平与国外激光龙头企业差距不大。2016~2020 年全球激光龙头企业研发经费占比情况如图 3.20 所示。

从全球激光龙头企业的研发经费占比的同比情况来看，2020 年研发经费占比同比保持增长的企业中，同比增长超过 20%的企业仅有Ⅱ-ⅥIncorporated 和锐科激光，两家企业的研发经费占比同比增长分别为 39.22%和 28.28%。同比增长超过 10%但不足 20%的企业有 nLIGHT 和 Coherent，两家企业的研发经费占比同比增长分别为 16.35%和 14.63%。其

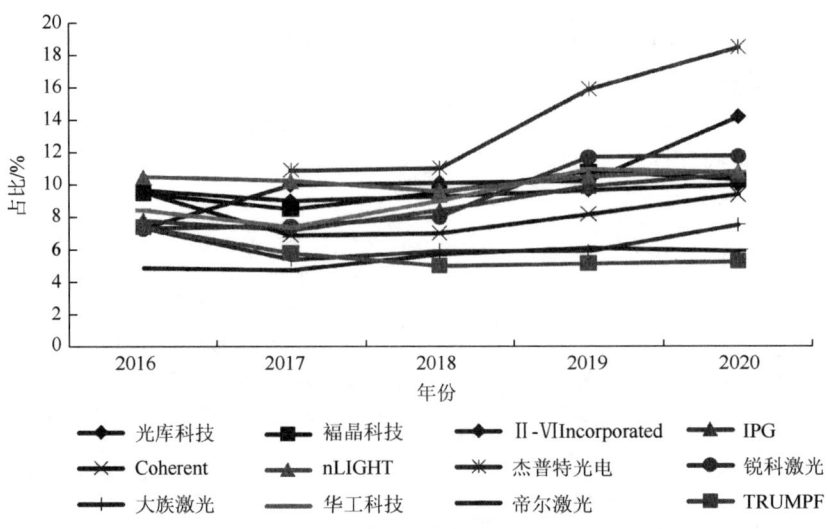

图 3.20 2016~2020 年全球激光龙头企业研发经费占比情况

他代表性激光龙头企业的研发经费占比同比增长均较低,具体情况为:IPG 的研发经费占比同比增长 7.07%,光库科技的研发经费占比同比增长 3.09%,TRUMPF 和帝尔激光的研发经费占比同比增长分别为 2.86%和 2.53%。此外,福晶科技、华工科技和大族激光的研发经费占比同比出现下降,降幅分别为 4.63%、2.79%和 1.55%。由此可见,从研发经费的相对规模的同比情况来看,中国激光龙头企业在疫情的负面影响下,保持研发资金投入比例的能力与国外企业还存在一定差距,说明中国激光龙头企业在短期外部不良因素的冲击下,较国外激光龙头企业更倾向于选择降低研发投入比例以抵御负面干扰。具体企业研发经费占比同比情况如图 3.21 所示。

3.3.2 科技产出

1. 专利

从专利申请人所属国家的分布情况来看,2020 年全球激光领域相关专利按申请人国别排序,专利申请数量超过 100 件的国家有 8 个,共申请专利 38851 件。其中:申请人属于中国的专利申请量高达 32612 件,占 8 个国家申请总量的 83.94%,以显著优势位居第一;申请人属于美国的专利申请量为 2304 件,占 8 个国家申请总量的 5.93%,位居第二;申请人属于日本的专利申请量为 1953 件,占 8 个国家申请总量的 5.03%,位居第三。申请人属于德国和韩国的专利申请量分别为 729 件和 685 件,占 8 个国家申请总量的 1.88%和 1.76%,位居于第四和第五。其他属于俄罗斯、法国和瑞士 3 个国家的申请人所申请的专利数量均不超过 500 件[①](图 3.22)。由此可见,2020 年,在激光领域的专利成果产出方面,中国的科研工作和技术创新主体在专利申请体量上具备绝对优势。

---

① 检索式:(TIAB =(激光))AND(IPC =(H01 OR H04 OR B23 OR B29 OR B41 OR A61 OR C23 OR G02 OR G01 OR G03 OR G06 OR G11))。检索时间段:2011~2020 年。数据库:incopat。

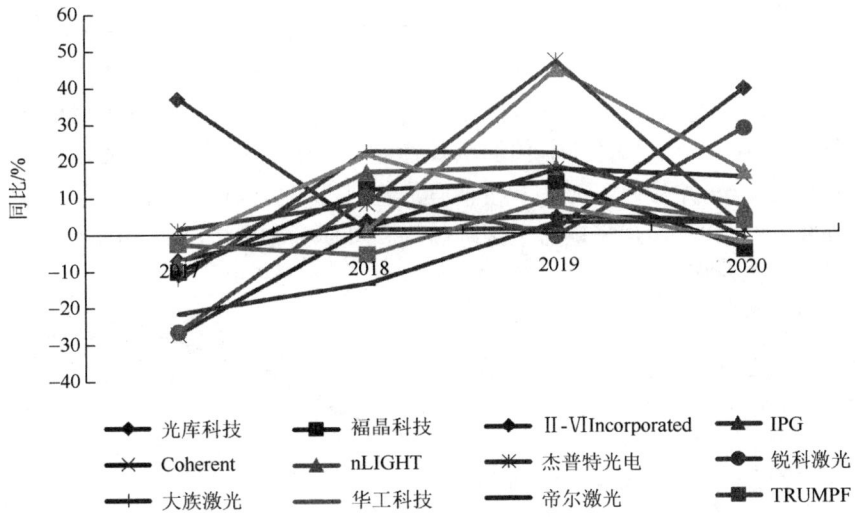

图 3.21　2017~2020 年全球激光龙头企业研发经费占比同比情况

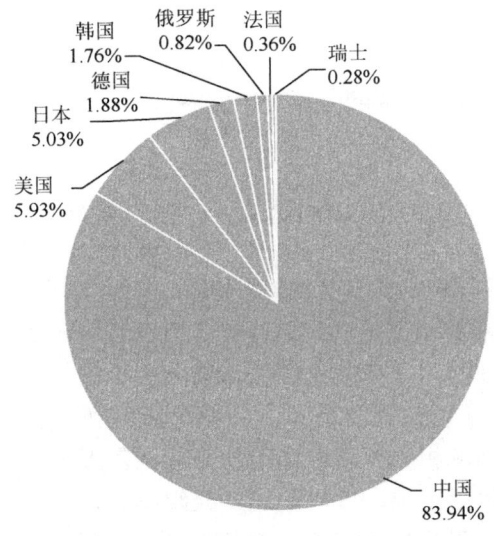

图 3.22　2020 年全球激光领域相关专利申请量前八位的国家占比情况（按申请人国别分）

从近 10 年专利申请的总体趋势来看，2011~2020 年全球激光领域相关专利申请总量前十位的国家及机构中，专利申请量保持年均增长的国家及机构仅有中国、世界知识产权组织和印度。其中：中国激光领域相关专利的申请量从 10357 件增长至 33389 件，年均复合增长率为 13.89%；世界知识产权组织激光领域相关专利的申请量从 2185 件增长至 2457 件，年均复合增长率为 1.31%；印度激光领域相关专利的申请量从 143 件增长至 175 件，年均复合增长率为 2.27%。除了上述 3 个国家及机构外，其他国家及机构在 2020 年的申请量均小于 2011 年。其中，美国激光领域相关专利的申请量从 5367 件减少至 2727 件，年均下降率为 7.25%，降幅较低；其余申请量下滑的国家及机构的年均下降率均超过 10%，降幅较高。例如：日本激光领域相关专利的申请量从 6056 件减少至 429 件，年均下降率为 25.48%；韩国激光领域相关专利的申请量从 2651 件减少至 396 件，年均下降率为 19.04%；德国激光领域相关专利的申请量从 715 件减少至 264 件，年均下降率为 10.48%。由此可见，在 2020 年新冠肺炎疫情的负面影响下，全球大部分国家及机构激光领域相关专利的申请量均受到重创，出现大幅下滑。而中国不仅保持了总体的增长趋势和一定的增幅水平，还稳居 10 年以来专利申请量的年度第一，并且在申请量上逐年与其他国家和机构拉开差距，充分体现了我国在激光领域的创新动力和产出水平均居于国际前列。具体专利申请趋势如图 3.23 所示。

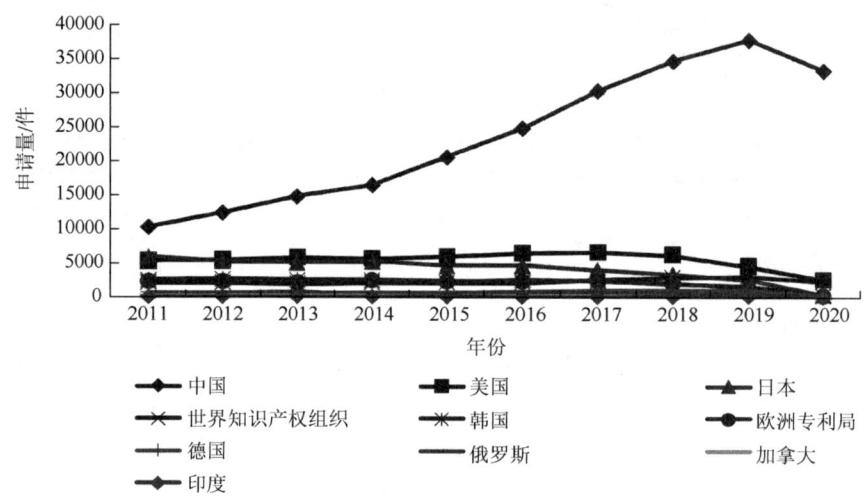

图 3.23　2011~2020 年全球主要国家及机构激光领域相关专利申请趋势

从 2011~2020 年专利申请量的同比趋势来看，全球激光领域相关专利申请量前十的国家及机构在 2018 年以前的申请量同比增减参半，只有中国的专利申请量一直保持了逐年增长的趋势。2018 年开始，全球激光领域相关专利申请量前十的国家及机构中，申请量出现同比下降的国家及机构数逐渐增多，且平均降幅也逐年递增。

2018 年，全球激光领域相关专利申请量前十的国家及机构中，专利申请量同比增加的国家及机构有 4 个，包括中国、世界知识产权组织、印度和德国。其中，中国的专利申请量同比增长 14.31%，世界知识产权组织的专利申请量同比增长 8.37%，印度的专利申请量同比增长 6.88%，德国的专利申请量同比增长 1.63%。其余 6 个国家及机构的专利申请量均同比下降，如美国的专利申请量同比下降 5.97%，日本的专利申请量同比下降 16.07%，韩国的专利申请量同比下降 17.47% 等。

2019 年，全球激光领域相关专利申请量前十的国家及机构中，专利申请量同比增加的国家及机构减少至 3 个，包括中国、世界知识产权组织和印度，与 2018 年相比少了德国。其中，中国的专利申请量同比增长 8.89%，世界知识产权组织的专利申请量同比增长 7.35%，印度的专利申请量同比增长 19.31%。专利申请量同比下降的国家及机构则增加至 7 个，其中，欧洲专利局的专利申请量同比下降高达 42.43%，美国和日本的专利申请量同比分别下降 25.28% 和 25.58%，降幅较高。

2020 年，全球激光领域相关专利申请量前十的国家及机构的专利申请量同比均出现下降。其中，降幅超过50%的国家及机构有5个，达到半数，包括日本、加拿大、韩国、欧洲专利局和德国，其专利申请量同比下降分别为83.59%、76.99%、77.55%、74.25%和71.94%。降幅未超过50%的5个国家及机构中，仅中国的专利申请量同比下降11.82%，降幅较低；其余4个国家及机构的专利申请量同比下降均高于20%，包括美国、俄罗斯、印度和世界知识产权组织，其专利申请量同比下降分别为42.26%、40.44%、27.39%和23.17%。由此可见，除中国在激光领域的专利申请方面持续保持活力以外，全球激光领域相关专利申请量前十的其他国家及机构在专利申请方面均处于成熟稳定期，其年度申请量没有大幅增长，且呈现放缓及下降的趋势。具体专利申请量同比趋势如图3.24所示。

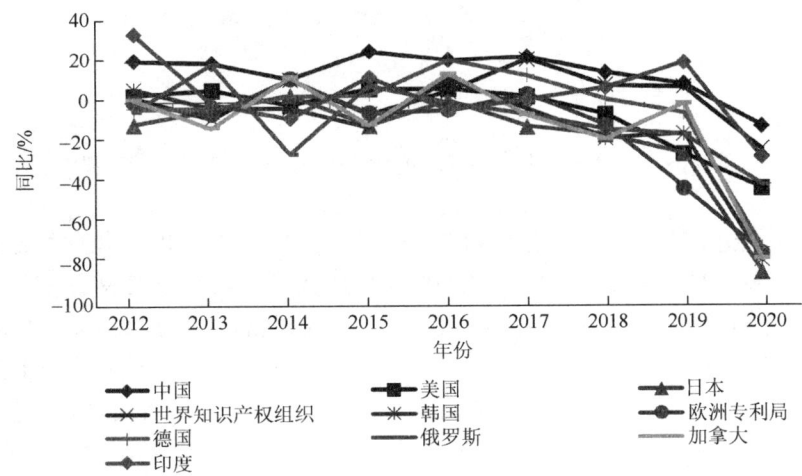

图3.24　2012~2020年全球主要国家及机构激光领域相关专利申请量的同比趋势

从专利价值的高低来看，全球被引次数大于50次的激光领域相关专利中：申请人属于美国的有10081件，占比高达63.60%，以绝对优势领先于其他国家；申请人属于日本的有3303件，占比为20.84%，居于第二位；申请人属于德国的有829件，占比为5.23%，居于第三位；申请人属于其他国家的专利数量均不超过500件，其中，申请人属于中国的仅124件，占比为0.78%，居于第八位。由此可见，尽管中国在激光领域的专利申请量遥遥领先，且多年来基本保持了增长趋势，但中国申请人申请的专利所具备的价值含量仍然偏低，与美国、日本、德国等发达国家存在明显差距。全球申请激光领域相关高价值专利[①]申请人的地域格局如图3.25所示。

2. 论文

从SCI论文发表情况来看[②]，2011~2020年全球激光领域相关的SCI论文发表总数超过5000篇的国家有10个。其中：中国发表的SCI论文总数最高，共48001篇，占比

---

① 专利被引次数>50次。
② 标题：(laser)。时间跨度：2011~2020年。索引：SCI-EXPANDED, SSCI, A&HCI, CPCI-S, CPCI-SSH, BKCI-S, BKCI-SSH, ESCI, CCR-EXPANDED, IC.。数据库：Web of Science。

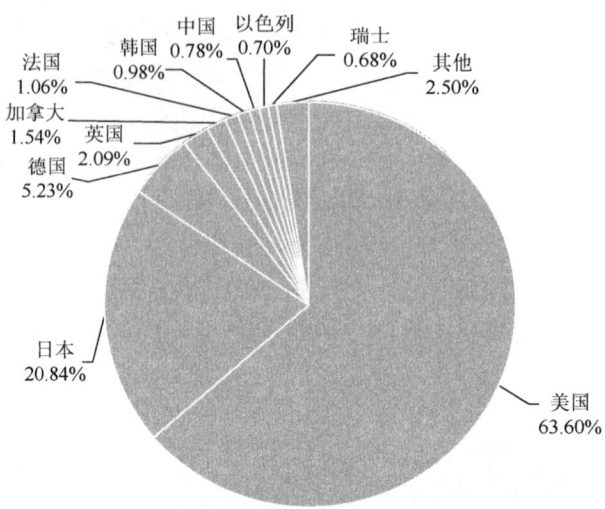

图 3.25 全球申请激光领域相关高价值专利申请人的地域格局

为 26.10%；美国发表的 SCI 论文总数为 31889 篇，占比为 17.34%，位居第二；德国发表的 SCI 论文总数为 17857 篇，占比为 9.71%，位居第三；俄罗斯发表的 SCI 论文总数为 12796 篇，占比为 6.96%，位居第四；日本发表的 SCI 论文总数为 12326 篇，占比为 6.70%，位居第五。其余 5 个国家发表的 SCI 论文总数未超过 1 万篇，按篇数由高到低依次为：法国发表了 9113 篇，占比为 4.96%；英国发表了 8147 篇，占比为 4.43%；意大利发表了 7178 篇，占比为 3.90%；印度发表了 6343 篇，占比为 3.45%；韩国发表了 6186 篇，占比为 3.36%。由此可见，在激光领域的科研论文产出方面，中国的科研工作和技术创新主体在发表研究成果的体量上居于国际前列。2011～2020 年全球主要国家激光领域相关的 SCI 论文发表总数的占比情况如图 3.26 所示。

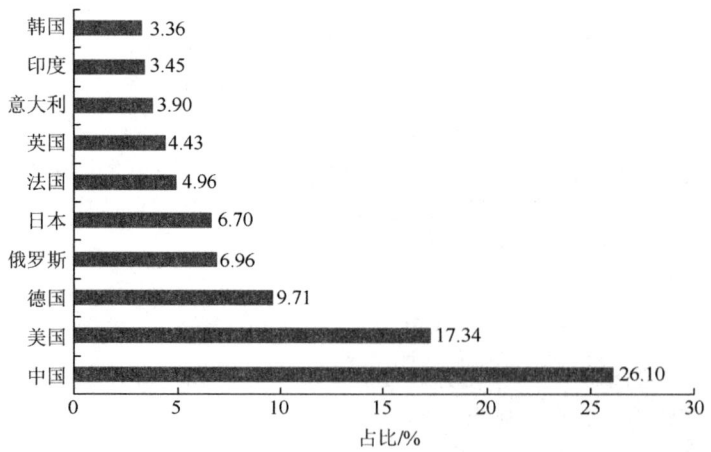

图 3.26 2011～2020 年全球主要国家激光领域相关的 SCI 论文发表总数的占比情况

从 SCI 论文发表的总体趋势来看，2011～2020 年，全球激光领域相关的 SCI 论文发表总数前十的国家中，论文发表数量保持年均增长的国家有 6 个。其中：中国激光领域相关的 SCI 论文发表数量从 3241 篇增长至 6687 篇，年均复合增长率为 8.38%；印度激光领域相关的 SCI 论文发表数量从 418 篇增长至 833 篇，年均复合增长率为 7.96%；俄罗斯激光领域相关的 SCI 论文发表数量从 879 篇增长至 1365 篇，年均复合增长率为 5.01%；意大利激光领域相关的 SCI 论文发表数量从 589 篇增长至 809 篇，年均复合增长率为 3.59%；韩国激光领域相关的 SCI 论文发表数量从 571 篇增长至 625 篇，年均复合增长率为 1.01%；英国激光领域相关的 SCI 论文发表数量从 771 篇增长至 822 篇，年均复合增长率为 0.71%。除上述 6 个国家以外，其余 4 个国家在 2020 年的论文发表数量均小于 2011 年。其中：日本激光领域相关的 SCI 论文发表数量从 1313 篇减少至 1109 篇，年均下降率为 1.86%；法国激光领域相关的 SCI 论文发表数量从 849 篇减少至 806 篇，年均下降率为 0.58%；德国激光领域相关的 SCI 论文发表数量从 1707 篇减少至 1627 篇，年均下降率为 0.53%；美国激光领域相关的 SCI 论文发表数量从 3105 篇减少至 2990 篇，年均下降率为 0.42%。由此可见，中国激光领域相关的 SCI 论文发表情况与专利申请情况较为一致，不仅保持了总体的增长趋势和较高的增幅水平，还稳居 SCI 论文发表数量的年度第一，并且在发表数量上逐年与其他国家拉开差距，说明中国在激光领域的论文发表体量上处于国际优势地位。具体 SCI 论文发表趋势如图 3.27 所示。

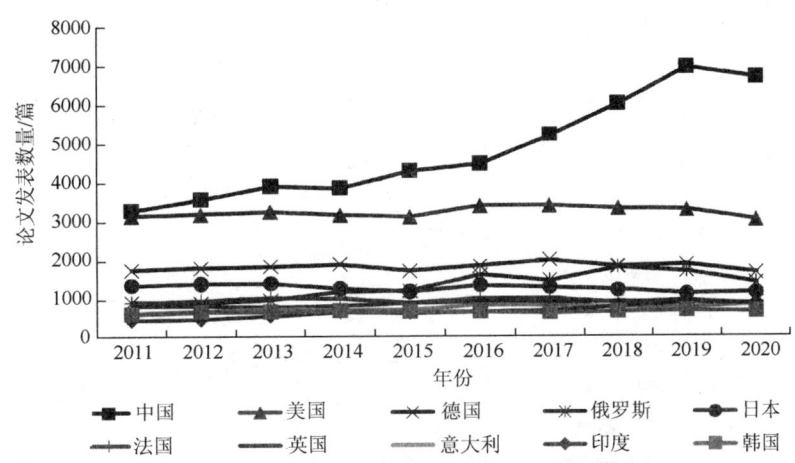

图 3.27　2011～2020 年全球主要国家激光领域相关的 SCI 论文发表趋势

从 SCI 论文发表数量的同比趋势来看，全球激光领域相关的 SCI 论文发表数量前十的国家中，仅中国和印度基本保持了逐年同比增长的趋势。其中，中国激光领域相关的 SCI 论文发表数量，只在 2014 年和 2020 年同比出现下降，下降率分别为 1.09%和 3.69%，降幅很小。其余国家激光领域相关的 SCI 论文发表数量的同比则有增有减，呈现波动增减的变化趋势。由此可见，中国激光领域相关的 SCI 论文发表数量较高，且呈现持续增长的态势，中国激光领域论文研究水平仍然处于成长期，研发动力强劲。相反地，美国、日本、德国等发达国家在激光领域相关的 SCI 论文发表数量逐年趋于稳定甚至有小幅下降，其论文研究水平已进入成熟期。具体 SCI 论文发表数的同比趋势如图 3.28 所示。

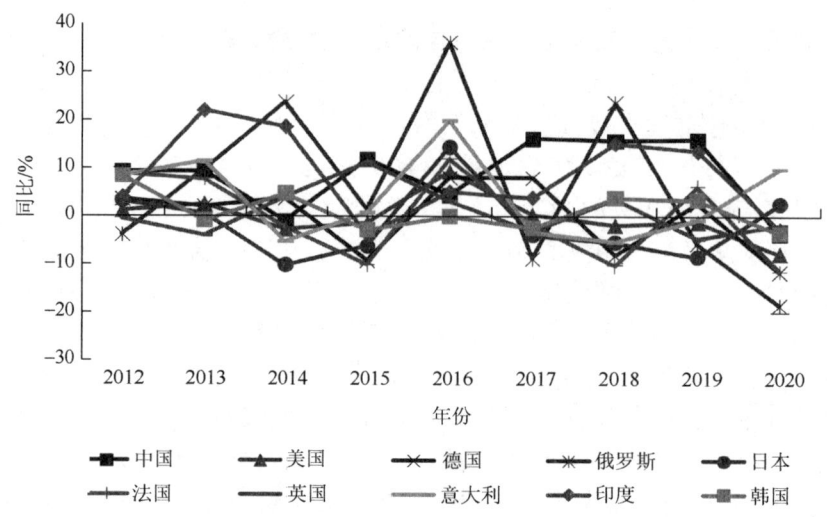

图 3.28　2012～2020 年全球主要国家激光领域相关的 SCI 论文发表数的同比趋势

从论文价值的高低来看，全球激光领域相关的 SCI 论文中，ESI 高水平论文（高被引论文，highly cited paper）[①]共有 562 篇。其中，发表数量超过 50 篇的国家仅 4 个，包括美国、中国、德国和英国，具体情况为：美国发表了 194 篇，占比为 34.52%，位居第一；中国发表了 175 篇，占比为 31.14%，位居第二；德国和英国分别发表了 80 篇和 71 篇，占比分别为 14.23% 和 12.63%，位居第三和第四。由此可见，中国激光领域相关的 SCI 论文发表水平不仅在体量上占据显著优势，而且在质量上也处于国际前列。具体 ESI 高水平论文（高被引论文）的发表情况如图 3.29 所示。

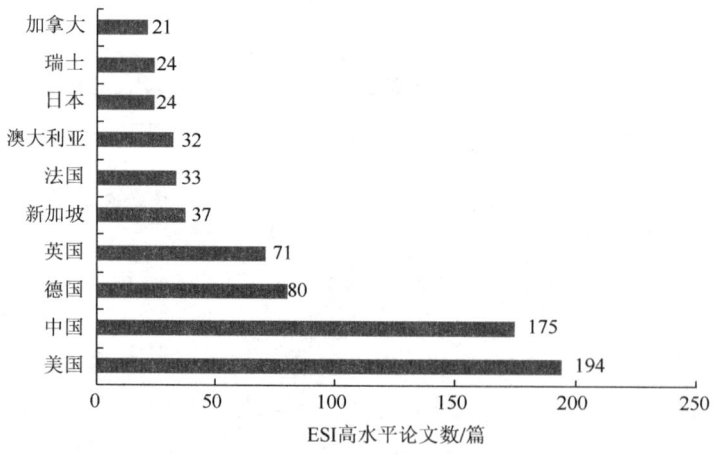

图 3.29　全球主要国家激光领域相关的 ESI 高水平论文（高被引论文）的发表情况

---

① ESI 高水平论文（高被引论文，highly cited paper）是指：根据同一年同一 ESI 学科统计最近 10 年发表论文中被引用次数进入世界前 1% 的论文。ESI 高水平论文通常代表着相关学科领域的研究前沿和热点，在指引学科发展、体现学术成果影响力方面具有重要意义。

3.4 综合评价

从生产竞争力来看，在产业规模方面，中国激光产业的市场规模在全球的占比很高，且近年来呈现逐渐增长的趋势，平均增长水平高于美国、日本、德国等发达国家。在企业规模方面，中国激光相关上市企业的数量规模居全球第一，总营收规模居全球第三，低于美国和日本，但高于德国。在人力规模方面：中国上游激光龙头企业的人力规模与美国存在显著差距，但其业务更为聚焦；中国中游激光龙头企业的人力规模与美国、德国差距较小，但人力规模的年均增幅较高；中国下游激光龙头企业的人力规模与德国相当，人力规模的年均增幅也基本处于同一水平；在研发和规模优势下，美国和德国激光龙头企业的人均营收显著高于中国激光龙头企业，说明中国激光产业的人均产值与国外还存在较大差距，但从人均营收的变化趋势来看，中国激光龙头企业的人均产值具备更大的发展潜力。

从市场竞争力来看，在产品竞争力方面，中国上、中游激光龙头企业的产品出货规模与美国差距十分明显，且光纤激光器先进产品的脉冲宽度和最大单脉冲能量等关键性能仍不及美国，但是中国下游激光龙头企业大族激光，与德国企业 TRUMPF 的激光业务收入规模不相上下，两家企业同为激光及配套设备的供应商，在材料加工领域产品竞争力相当，说明中国激光产业下游产品的出货能力的先进水平能够与德国一较高下。在盈利能力方面，中国部分激光龙头企业近年来的毛利率和净利率已赶超国际先进水平，在全球经济疲软和新冠肺炎疫情突袭的负面影响下，中国激光龙头企业较美国和德国企业具备更加灵活的经营模式，因此，其抵御外部风险的能力更强，盈利能力的成长性和稳定性也较强。

从创新竞争力来看，在研发投入方面，中国激光龙头企业的人力投入的绝对规模和相对规模均与国际先进水平接轨，但资金投入的力度与美国、德国相去甚远，尤其是上中游类型的企业，在研发经费投入及其占营业收入的比例上与国外企业差距较大，说明中国激光龙头企业的研发经费投入的绝对规模和相对规模与国际先进水平还存在一定差距。在科技产出方面，中国激光领域相关的专利申请量和 SCI 论文发表数量占全球比例均为第一，且体量上具备绝对优势。在产出质量方面，中国激光领域相关的高水平 SCI 论文发表数量也处于国际前列，但中国申请人申请的专利所具备的价值含量仍然偏低，与美国、日本、德国等发达国家存在明显差距，说明中国激光产业技术研究动力强劲，但技术价值仍有待提高。

综上所述，中国激光产业的国际竞争力处于国际上游水平，但与美国、日本、德国等发达国家相比还存在一定差距。中国激光产业的生产规模较大，但人均产出不及国际先进水平，激光企业需在保证营业收入增长的同时进一步优化人员投入来提升产业的人均贡献度。中国激光产业下游设备产品的出货能力正逐渐与国外先进企业靠拢，但上中游产品抢占市场份额的能力仍不及国外企业，需进一步提升激光芯片、激光材料、激光器等核心产品的性能参数，提高国产替代率和对外出口额，加强中国激光全产业链产品的市场竞争力。中国激光产业创新投入的人力投入水平较高但资金投入水平尚与发达国家存在较大差距，创新产出的论文成果在体量和质量上均处于国际前列，但专利成果仅具备体量的绝对优势，质量上较为落后。因此，中国激光产业需要重视关键核心技术的专利布局，持续优化平衡研发人力和经费的投入结构，提高创新产出的效率和效益，全面提升中国激光产业科技产出的国际影响力。

第 4 章 产业链创新能力评价指标体系构建

4.1 产业链创新的概念与内涵

4.1.1 产业链和创新

1. 产业链的概念

产业链是基于特定产业发展并将相关产业部门关联起来的链条形态，可以从价值链、供需链、企业链和空间链等多个维度来理解。产业链是生产要素依据生产过程的上下游关系和空间布局形成的关联形态，是创新成果的物质体现。产业链的每一个环节或节点都可能成为创新的爆发点，衍生出一条创新链，从而带动整个产业链中各个环节的共同创新。凌美秀[31]认为产业链是围绕核心企业，通过对信息流、物流、资金流的控制，从采购原材料开始，制成中间产品及最终产品，最后由销售网络把产品送到消费者手中，将供应商、制造商、分销商、零售商直到最终用户连成一个整体的功能网链结构模式。吴金明和邵昶[32]认为产业链是基于产业上游到下游各相关环节的由供需链、企业链、空间链和价值链四个维度有机结合而形成的链条。

2. 创新的概念

创新是指以现有的思维模式提出有别于常规或常人思路的见解为导向，利用现有的知识和物质，在特定的环境中，本着理想化需要或为满足社会需求，而改进或创造新的事物，包括但不限于各种产品、方法、元素、路径、环境等，并能获得一定有益效果的行为。"创新"这一概念最早由政治经济学家约瑟夫·熊彼特（Joseph Schumpeter）提出，他认为：创新是指把一种新的生产要素和生产条件的"新结合"引入生产体系。它包括五种情况：引入一种新产品，引入一种新的生产方法，开辟一个新的市场，获得原材料或半成品的一种新的供应来源，新的组织形式[33]。张乃平[34]认为产业创新是指根据内外部环境条件的变化，某特定产业在企业与政府以及其他相关单位的帮助下通过技术创新、组织创新、市场创新等创新行为而使其竞争力不断增强的发展过程。

4.1.2 产业链创新的概念

产业链创新是技术创新、产品创新、市场创新等的系统集成。随着对于创新研究的深入，创新逐步形成了系统的理论。Utterback[35]提出创新就是技术的新发展，或者首次应用。张玉娟和汤湘希[36]指出，创新就是指新产品、新过程、新系统和新服务的首次商业性转化。企业是国家创新体系的重要组成部分,属于微观层面的创新主体,企业创新能力研究主要包括创新环境与企业创新能力的关系、创新能力形成机制、评价指标体系构建、创新能力实证测度、演化路径探索、驱动因素分析等。产业链创新就是指产业链上各个主体的创新。产业链创新的过程和一般创新过程一样,有技术推动、需求拉动、复合推进等不同类型。不同的是产业链创新过程模型关注的是某产业的企业与其上下游产业的企业间的技术推动、需求拉动、复合推进的创新过程和机制。这个概念暗含前提是"某产业"的知识边界稳定,与其上下游企业的知识、要素结构有明确边界,甚至有较大差异[37]。

综上所述,本书所确定的产业链创新就是产业链上各主体环节的创新活动,影响产业链创新的主要因素是产业及产业链的技术经济及供应、市场、要素、企业和企业家、政府政策。

4.2 产业链创新能力评价指标体系研究进展

4.2.1 理论基础

从产业链创新能力评价指标体系研究的理论基础来看,产业链的思想最早来自经济学家亚当·斯密(Adam Smith),斯密以制针为例,从企业内部对产业链功能进行描述,论述了分工和专业化对于经济发展的重要意义。英国经济学家阿尔弗雷德·马歇尔(Alfred Marshall)则把分工扩展到企业与企业之间,认为企业间的分工协作具有重要作用,成为产业链理论的真正起源。20世纪80年代,哈佛大学商学院教授Porter[38]在其建立的价值链理论中提出了产业链问题,并在其竞争战略研究及国家竞争优势研究中扩大了产业链的性质,强调了产业链的作用。

在国内,对产业链的研究主要集中在2000年以后。马士华[39]首次提出供应链是价值链的一种表现形式。潘成云[40]将产业价值链定义为通过某项核心技术或是工艺的研发与运用,以提供满足消费者某种需求为目标的、具有相关关系的企业集合。

4.2.2 研究进展

目前对于产业链创新的研究主要集中在以下几个方面。

一是针对产业链创新的内涵开展研究。赵美江和刘洪枫[41]指出,产业链创新实质上就是顾客价值创新。顾客价值创新自然而然地就会带来产业链横向和纵向的延伸和扩展,这也是产业链形成和完善的基本过程。从战略管理和营销学的理论来看,产业链创新主要有以下三种形式:基于多元化战略的产业链创新,基于产品线延伸的产业链创新,基于品牌延伸的产业链创新。陈小洪和陈金亮[42]认为产业链创新是指产业链上的企业群体通过需求或是供给激励,先后或是同时推出存在上下游关系的新产品或是产品组合。上下游产业链的互动创新过程是双向的,即指上游企业向下游企业提供新的部件或是技术,从而推动下游企业实现创新,也指下游企业产品或技术的创新而引致上游企业提供新的部件、技术，推动上游企业实现创新。而水平配合创新指的是位于产业链同一环节的不同企业通过各自产品、技术等的发展和创新，推动产业创新。

二是针对区域创新能力评价指标开展研究。不少学者对区域的创新能力评价指标展开了研究。黄师平和王晔[43]梳理了国内外较成熟的区域创新评价指标体系，认为随着创新要素的流动，应借鉴国际评价指标。李燕萍等[44]构建的区域创新评价指标体系主要包括环境价值、经济价值、人才价值、科技价值、企业价值维度。靳来群等[45]以区域创新投入、创新环境、创新产出为主要模块构建了产业区域创新指标体系。国外研究区域创新系统的学者则认为，区域创新能力产生于区域创新网络的组成主体的互动。Foss[46]认为存在于区域的高阶创新能力应根植于企业内部网络、个人的内在联系，首次将企业能力概念延伸至区域水平。Schwer等[47]将区域创新能力定义为区域内不断产生与商业相关联的创新的潜力。

三是针对科技创新活动对产业链的影响开展研究。牛方曲和刘卫东[48]的研究揭示了科技创新资源投入与区域经济发展水平的协同关系。从科技创新驱动产业结构升级的路径角度来看，张银银和黄彬[49]认为创新驱动产业升级的路径是通过技术、市场和全产业链创新驱动而促进产业结构升级。徐银良和王慧艳[50]认为开展科技创新活动对产业结构的升级有着重要的影响。李兰[51]认为科技创新对劳动生产率产生影响，通过促使产业劳动生产率的变化，改变整个社会的需求结构和产业链生命周期，进而实现产业结构优化。程郁和陈雪[52]认为科技创新通过创造新的需求和构建创新网络两种机制来带动产业升级。

四是针对产业链整合研究方面开展研究。产业链整合的思想源头是斯密，主要奠基人是马歇尔，马歇尔提出的规模经济性与斯密的完全竞争相冲突，这构成了产业组成理论发展的主线[53]。基于交易费用理论的产业链整合研究方面，比如Tibbits[54]则认为上述关于交易费用的理论忽略了资源配置产生的效益，因此它只是一个半边理论。他认为企业间的结合不仅是节约交易费用，同时也是对规模经济的有效利用，应将交易费用和规模经济性结合起来，来解释产业链整合形式的多样化。基于企业能力理论的产业链整合研究方面，Alchian[55]认为企业是知识的集合，也是能力的集合，因此，分析企业的成长就要关注企业固有的知识和能力积累的倾向。Prahalad和Hamel[56]指出企业优势的形成和企业核心能力有着密切联系，企业能力的积累和存储影响企业的边界。

五是针对某一特定行业的产业链开展研究。在产业链的应用研究方面，学者重点围绕某一特定行业的产业链进行研究，如比较宏观的农业产业链、电子信息产业链、制造业产业链、高新技术产业链、文化产业链、生态产业链等；还有比较微观的如生物医药产业链、服装产业链、化工产业链、石油产业链、电力产业链、建筑业产业链和移动通信产业链。

根据多年来对激光产业的深入研究，我们发现从宏观上借助一定的定量分析方法，对区域内的激光产业链整体创新能力进行评价的研究比较缺乏。目前国内外对激光产业链的研究以定性研究为主，且多是从激光产业链的构成，或是从产业链的角度对激光产业链的主体或产业链中的企业单独进行研究。如尹怀若[57]从"全产业链"这一新角度并且以激光企业为案例对并购绩效进行了研究。章日辉等[58]以欧美比较的视角分析了激光加工产业的发展。朱茜[59]以济南市为例分析了激光产业链如何助推人工智能产业发展。曹晨等[60]基于专利对全球光纤激光器产业进行了分析。胡思思等[61]从政策、市场、技术、产品角度对我国激光显示产业进行了梳理。

因此，我们设计了激光产业链创新能力评价指标，以对中国激光产业发展做一个科学准确的研判。

4.3 激光产业链创新能力评价指标体系构建

4.3.1 指标体系设计原则

为了对激光产业链创新能力进行科学合理评价，本节在建立评价指标体系时，遵循以下原则。

1. 科学性

科学性是指指标体系设计尽可能遵循准确、严密、客观、可靠的原则，尽可能适用于解决多变量、大系统的各种新问题。设计科学的评价指标是确保评价结果准确合理的基础，评价结果的有效性在很大程度上依赖于其指标、标准和程序等方面是否科学。

2. 全面性

全面性是指指标体系尽可能地覆盖所有指向，能够反映方方面面。指标的纳入和选择应充分考虑对整个激光产业的涵盖程度，指标既能反映我国激光产业链创新的总体特征，又能满足读者全方位了解产业链创新能力状况的需求。尽可能降低指标的重叠度和保持相对独立，其权重设计要避免使某个特定领域得到夸大或缩小。

3. 客观性

客观性原则又叫真实性原则，在于它能够正确地反映对象的本质和规律。首先保证数据来源的客观，此外在选择指标和构建指标时，要尽量减少主观指标，而多采取客观性的评价指标，只有较容易量化的指标，才可能使用合理的方法进行处理，才能使评价结果更具客观性。

4. 可行性

可行性原则是用来衡量决策是否可行。指标中每项指标的取值和数据要易于获得，充分考虑其在微观层面是否具有相应广泛的统计记录。同时指标设计应尽量实现与现有统计资料的兼容，注意指标含义的清晰度，尽量避免产生误解和歧义。

5. 创新性

创新性是指研究应是探讨领域中的未知的东西，研究成果应能增加或改变人们对某一方面的原有认识。本书根据上述评价指标的理论基础和激光产业链的特点，以及行业专家的问卷反馈，创新性地提出激光产业链创新能力的评价指标。

4.3.2 指标体系构建

1. 研究激光产业的产业链

根据多年对激光技术领域跟踪研究的结果，我们深入细致地研究了激光产业的产业链，包括激光产业的上中下游的结构和所涵盖的技术、产品和企业。分析了不同层级的技术、产品和企业之间的相互关系，激光已经渗透到各行各业，形成了较为完备的产业链分布。激光产业链的上游主要包括光学材料及元器件，中游主要为各种激光器及其配套装置与设备，下游则以激光应用产品、激光制造装备、消费产品、仪器设备为主。

激光产业的产业链如图 4.1 所示。

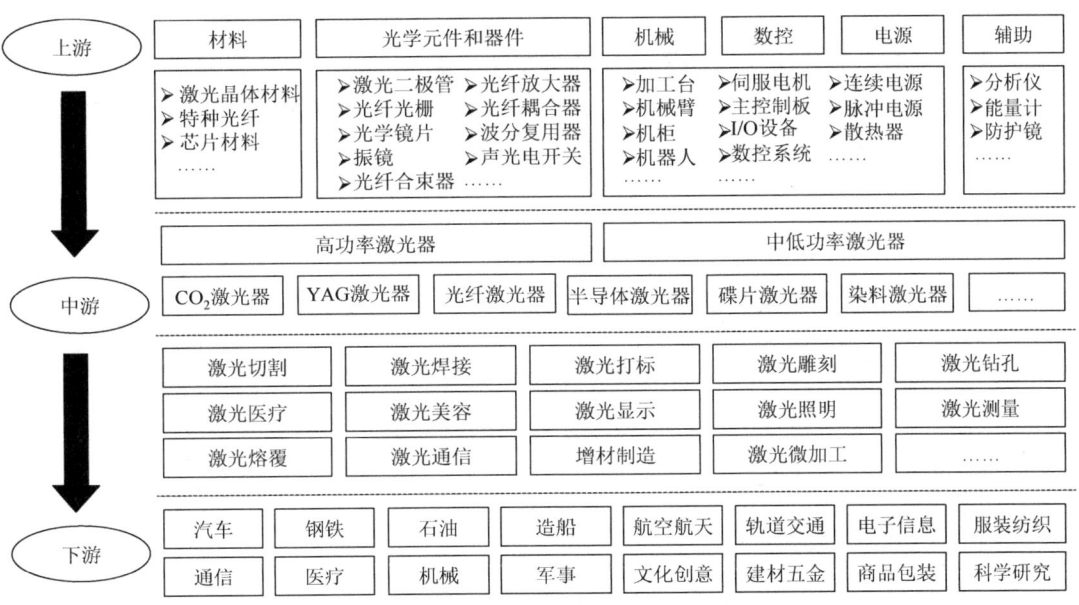

图 4.1 激光产业链

2. 研究产业链创新能力评价基本框架

根据基础理论研究，我们确定了影响产业链创新的主要因素是产业及产业链的技术经济及供应、市场、要素、企业和企业家、政府政策等。同时激光产业链的形成也具有激光产业本身的特点。

具体来说，产业链创新能力的影响因素可以分为内在影响因素和外在影响因素两大类。外在影响因素包括：①国家战略和社会发展环境。任何产业的发展离不开其所在区域的政策环境，政策对产业发展有非常重要的影响，特别是符合国家或区域发展战略的产业将获得更高的发展效率。②市场创新环境。市场创新环境包括该产业所处的科研、生产及市场的环境氛围,只有产业、企业、科研机构、高校、政府之间较好地联合和共同发展,才能提供良好而积极的创新氛围。③外国直接投资知识溢出。国家之间的贸易往来以及国际投资成为技术传递的主要渠道,国家之间消除贸易壁垒、技术壁垒、相互学习、信息共享可加速经济和产业的共同增长,对创新能力的提高发挥巨大的促进作用[50]。④外部资金投入。增加外部资金投入,使创新个体可以获得更好的外部资源,对创新能力的提升有着正向影响。

内在影响因素则包括:①知识溢出。知识溢出对于高技术产业创新能力来说具有积极影响作用。②人力资本。拥有专业知识或技能的高素质人员所占比例越高,创新能力则会越强。③产业聚集度。无论是区域内还是区域间的产业聚集度,在一定程度上都对创新能力的提升有积极作用。④内部资金投入。投入越高表明对创新活动的支持力度越大,对创新能力的提升作用越明显。

3. 构建五维激光产业链创新能力评价指标体系

本书旨在建立激光产业链创新的基本理论框架,重点研究激光产业链创新能力的评价指标体系。因此我们在研究激光产业的产业链后,根据激光产业所具有的特点,在创新理论基础及对创新能力影响因素分析的基础上,构建了一个五维激光产业链创新能力评价指标体系,主要包括创新资源投入、创新成果产出、产业关联及结构、科技转化平台和创新环境支撑五个维度,如图4.2所示。

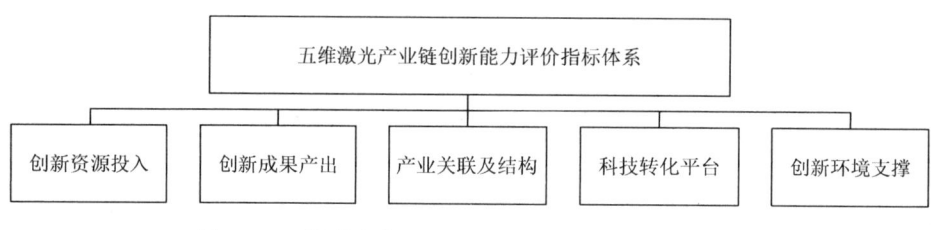

图4.2 五维激光产业链创新能力评价指标体系结构

4.3.3 评价指标构建

针对已经建立的五维激光产业链创新能力评价指标体系,我们继续给出评价的二级指标和三级指标,建立了以下完整的评价指标体系。

1. 创新资源投入评价指标

创新资源投入主要采用的是企业在实施创新过程中资金、人力、技术、仪器设备及公共资源等方面投入的相关数据。本指标体系的创新资源投入包括人力资源投入、物质资源投入、资金资源投入、知识资源投入。其中:人力资源投入主要包括激光相关上市企业的从业人员数和从业人员平均收入;物质资源投入主要包括激光相关上市企业固定资产均值和存货均值;资金资源投入主要包括激光国家自然科学基金资助额、激光相关上市企业研发支出占营业收入的比例和激光行业融资金额;知识资源投入主要包括激光相关重点研发机构数、激光企业数量和激光专利申请数量。

2. 创新成果产出评价指标

创新成果产出评价的是伴随着各项科技创新要素的投入与相互作用,最终会以科技创新产出的形式出现,是指科技活动对社会经济等方面的直接作用结果,这种作用结果并不包括所引发的某些外部效应。创新成果产出包含产品产出和知识产出两个部分,其中:产品产出主要指的是企业生产经营过程中产生的商品价值以及新产品发布情况,包括激光销售收入和新产品市场;知识产出的主要分析对象是科技论文与专利产出,分别通过国外主要检索工具收录论文数(篇)与国内专利申请受理数(件)来衡量,其中包括期刊论文数、激光专利授权量和获奖成果。

3. 产业关联及结构评价指标

产业关联及结构是指国民经济活动中产业间的基础性技术与经济关系。产业关联关系作为国家或区域经济系统的内在"基因",是产业(企业)技术创新扩散的重要支撑与路径,一定程度上能够决定着地区经济发展的模式和绩效。产业聚集程度是描述区域整体产业联系紧密程度和聚集能力的指标。产业链中大量存在着上下游关系和相互价值的交换,上游环节向下游环节输送产品或服务,下游环节向上游环节反馈信息。产业链结构是产业环逐级累加的有机统一体,某一链环的累加是对上一环节追加劳动力投入、资金投入、技术投入以获取附加价值的过程,链环越下移,其资金密集性、技术密集性越明显,链环越上行,其资源加工性、劳动密集性越明显。激光产业关联及结构包括产业聚集程度、产业链结构。其中产业聚集程度指标下设行业集中度(本书中采用主营业务收入前八的企业总和占全行业的主营业务收入之比)和区位熵[区位熵的计算公式为 $LQ_{ij} = (q_{ij}/q_j)/(q_i/q)$,式中:$q_{ij}$ 为地区的激光产值;q_j 为地区生产总产值;q_i 为在全国范围内激光产业的规模;q 为全国生产总产值]。在产业结构研究中,区位熵指标主要用于分析区域主导专业化部门的状况,衡量某一区域要素的空间分布情况,反映某一产业部门的专业化程度,以及某一区域在高层次区域的地位和作用。一般而言,区位熵值越大,表明专业化水平越高;区位熵>1,表明该地区该产业专业化程度超过了总地区,属于地区专业化部门;区位熵<1,表明该地区该产业的专业化水平低于总地区,必须从区域外输入产品;区位熵=1,表明该地区该产业专业化水平与总地区相当,基本自给自足。产业链结构则包括了上中下游激光企业数量占比情况以及上中下游激光相关上市企业营业收入占比情况。

4. 科技转化平台评价指标

科技成果转化能力,指以市场和社会需求为导向,将科技成果(或专利技术)转化为产品,并实现商品化、规模化、国际化,最终形成科技产业的能力,科技转化平台是科技转化的重要载体。科技转化平台一般为具有实用价值的科技成果所进行的后续试验、开发、应用、推广直至形成新产品、新工艺、新材料,为发展新产业等活动提供服务和支撑的平台。随着科技创新质与量的双重提升,我国在创新型国家建设进程中取得了重大进展,其中科技成果转化起着至关重要的作用。激光科技转化平台包括科技成果转化、科技中介机构。其中:科技成果转化指的是激光相关的工程技术研究中心、工程技术中心、产业技术研究院及校企合作情况;科技中介机构指的是激光相关的联盟、协会、学会和国家级及省市级孵化器。

5. 创新环境支撑评价指标

创新环境是指在创新过程中,影响创新主体进行创新的各种外部因素的总和,主要包括国家对创新的发展战略与规划,国家对创新行为的经费投入力度以及社会对创新行为的态度等。创新环境支撑主要体现在支持产业创新的政策以及活动上。产业的发展离不开外界环境的影响,尤其是对于国家而言具有重大战略意义的产业。政府在其中所扮演的角色举足轻重。产业创新环境的好坏影响着产业技术创新能力的强弱。一个好的产业创新环境可以激发环境内部企业的活力,促进资源的有效整合与利用。激光创新环境包括政策环境、文化环境两个。其中:政策环境是指当地是否有激光相关的产业政策颁布;文化环境(加分项指标)是指激光相关的创新创业大赛和光电类展会情况。

4.3.4 评价指标调整和权重设置

确定激光产业链创新能力评价指标体系后,我们邀请了从事产业技术分析的专家和区域发展与管理等相关领域的专家、学者,以及激光产业相关技术专家和企业家等进行了初始指标重要程度的预调查,初步筛选和调整指标。

在德尔菲法的基础上,根据专家对激光产业链创新能力的打分和给出的指标权重进行综合研判,最后利用综合评价方法确定了指标的得分。图4.3为最后确定的五维激光产业链创新能力评价指标体系。

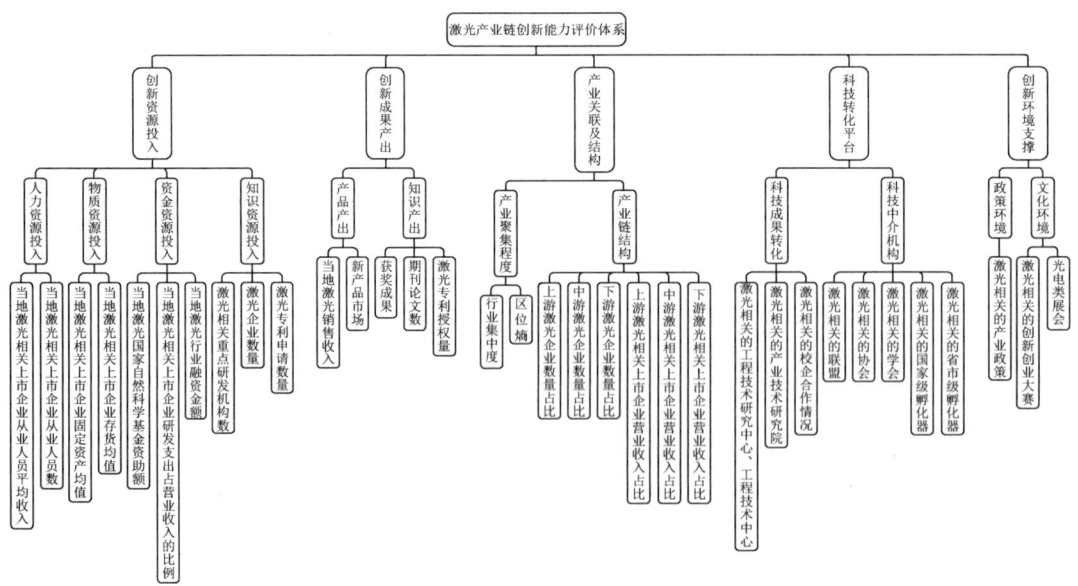

图4.3 五维激光产业链创新能力评价指标体系

4.4 评价方法的选择

针对创新能力评价方法的研究有很多,主要有以下几种方法。

一是层次分析法。比如,王诗才和吕瑛[62]、陈瑶[63]、薛岩松和卢福强[64]、肖永红等[65]在研究技术创新能力时均采用层次分析法进行综合评价。二是模糊综合评价法。比如,许志晋等[66]采用模糊综合评价的数学模型对技术创新能力进行有效的定量研究。三是多元统计分析法。比如,赵玉林和程萍[67]采用主成分分析法,李文琴等[68]、张经强[69]均运用因子分析法,杜君[70]运用聚类分析法,李艺[71]采用因子分析和聚类分析的方法。四是灰色关联度分析法。比如,李美娟等[72]运用灰色关联度分析法进行研究。表 4.1 为常用评价方法的描述与优劣比较。

表 4.1 常用评价方法的描述与优劣比较

名称	评价方法的描述	评价方法的优劣
层次分析法	用相对量的比较确定判断矩阵,选取特征值作为权重进行综合排序	可靠度高,只适用于评价对象的因素少的情况
模糊综合评价法	通过隶属函数的引入,确定模糊综合评价矩阵	可得出多个层次的问题解但无法解决评价指标间的信息重复
德尔菲法	征询专家意见,通过信件反馈信息,不断调整方案后连续评价	操作简单,但是主观性太强
聚类分析法	直接比较事物间的性质,性质相同的归为一类,否则归为另一类	可解决相关性大的评价对象,但需要大量的统计数据
因子分析法	将相关性高的变量划归在同一类中,把每一类变量看成一个因子,用较少的因子反映大部分信息	适用于相关程度大的对象,需要大量的统计数据
灰色关联度分析法	依据关联度对系统排序	此法所需数据较少,对数据的要求较低,但只能鉴别评价对象的优劣,无法反映绝对水平
熵权法	根据指标变异性的大小来确定客观权重	相对那些主观赋值法,该方法精度较高,客观性更强,能够更好地解释所得到的结果。如果指标值的变动很小或者很突然地变大变小,熵权法用起来有局限

由于激光产业链创新能力评价体系所涉及的评价指标数量居多,所以研究采用综合评价方法。即将定性分析和定量分析相结合,将熵权法、层次分析法等多种分析方法运用到本书的分析中,对各个指标进行运算,最后得出一个综合值,来判断中国不同区域的激光产业的产业链创新能力。

第 5 章　中国激光产业链创新能力评价模型及计算

5.1　层次分析法

5.1.1　模型原理

层次分析法（analytic hierarchy process，AHP）是美国运筹学家匹茨堡大学教授萨蒂（Saaty）等于 20 世纪 70 年代初提出的一种层次权重决策分析方法，是一种定性与定量相结合的系统化、层次化分析方法[73-74]。其基本步骤大致如下。

确定层次，构造成对比较矩阵。假设要比较某一层 n 个因素 $C_1, C_2, \cdots, C_n$ 对上层一个因素 O 的影响，每次取两个因素 C_i 和 C_j，依据"1～9 尺度"进行比较。用 a_{ij} 表示 C_i 和 C_j 对 O 的影响之比，全部比较结果形成成对比较矩阵 $A = (a_{ij})_{n \times n}$ 计算权向量。萨蒂等建议用对应于矩阵 A 最大特征根（记作 λ）的特征向量（归一化后）作为权向量 w，即 w 满足：

$$Aw = \lambda w \tag{5.1}$$

一致性检验。成对比较矩阵是计算指标权重的基础和依据，只有当成对比较矩阵具有一致性时，才能保证计算的合理性。通过计算一致性比率 CR，当

$$\mathrm{CR} = \frac{\mathrm{CI}}{\mathrm{RI}} < 0.1$$

时，认为 A 的不一致程度在容许范围内；当一致性检验不通过时，需重新构造成对比较矩阵或对 A 进行修正。其中，$\mathrm{CI} = (\lambda - n)/(n - 1)$，随机一致性指标 RI 可通过查表得到。

5.1.2　模型计算

应用层次分析法模型，构造准则层（一级指标）对目标层的成对比较矩阵，利用式（5.1）计算得到权重向量 $w = (0.12898, 0.51281, 0.26150, 0.06338, 0.03333)^\mathrm{T}$，$\mathrm{CR}_1 = 0.05301 < 0.1$；用同样方法构造子准则层（二级指标）对准则层（一级指标）每个准则的成对比较矩阵，指标层（三级指标）对子准则层（二级指标）每个准则的成对比较矩阵，分别计算其权重及 CR 值，均符合一致性检验（由于 1 阶、2 阶的正反矩阵总是一致阵，其 CR 值为 0），具体数值见表 5.1。

表 5.1　中国激光产业链创新能力评价指标层次分析法权重及 CR 值

一级指标	二级指标	CR_2	三级指标	CR_3
创新资源投入（12.90%）	人力资源投入（11.75%）	0.04333	激光相关上市企业从业人员平均收入（83.33%）	0
			激光相关上市企业从业人员数（16.67%）	

续表

一级指标	二级指标	CR₂	三级指标	CR₃
创新资源投入（12.90%）	物质资源投入（5.53%）	0.04333	激光相关上市企业固定资产均值（75.00%）	0
			激光相关上市企业存货均值（25.00%）	
	资金资源投入（26.22%）		激光国家自然科学基金资助额（8.10%）	0.05594
			激光相关上市企业研发支出占营业收入的比例（73.06%）	
			激光行业融资金额（18.84%）	
	知识资源投入（56.50%）		激光相关重点研发机构数量（18.84%）	0.05594
			激光企业数量（8.10%）	
			激光专利申请数量（73.06%）	
创新成果产出（51.28%）	产品产出（16.67%）	0	激光销售收入（87.50%）	0
			新产品市场（12.50%）	
	知识产出（83.33%）		获奖成果（18.84%）	0.05594
			期刊论文数（8.10%）	
			激光专利授权量（73.06%）	
产业关联及结构（26.15%）	产业聚集程度（75.00%）	0	行业集中度（75.00%）	0
			区位熵（25.00%）	
	产业链结构（25.00%）		上游激光企业数量占比（17.01%）	0.04673
			中游激光企业数量占比（7.89%）	
			下游激光企业数量占比（4.74%）	
			上游激光相关上市企业营业收入占比（45.76%）	
			中游激光相关上市企业营业收入占比（16.82%）	
			下游激光相关上市企业营业收入占比（7.78%）	
科技转化平台（6.34%）	科技成果转化（25.00%）	0	激光相关的工程技术研究中心、工程技术中心（73.06%）	0.05594
			激光相关的产业技术研究院（18.84%）	
			激光相关的校企合作情况（8.10%）	
	科技中介机构（75.00%）		激光相关的联盟（12.10%）	0.08133
			激光相关的协会（4.20%）	
			激光相关的学会（4.58%）	
			激光相关的国家级孵化器（50.04%）	
			激光相关的省市级孵化器（29.08%）	
创新环境支撑（3.33%）	政策环境（75.00%）	0	激光相关的产业政策（100.00%）	0
	文化环境（25.00%）		激光相关的创新创业大赛（75.00%）	0
			光电类展会（25.00%）	

5.2 熵 权 法

5.2.1 模型原理

熵原本是一个热力学概念，克劳德·艾尔伍德·香农（Claude Elwood Shannon）将熵引入信息理论，用于度量系统的不确定程度。信息量越大，不确定性就越小，熵也就越小；反之，信息量越小，不确定性就越大，熵也就越大。应用熵可以度量评价指标体系中指标数据所蕴含的信息量，并以此确定各指标的权重[75]。

针对评估问题，设有 n 个评估对象，m 个评估指标。根据评估对象的实际情况获取初始决策矩阵 $\boldsymbol{X} = (x_{ij})_{n \times m}$，$x_{ij}$ 表示第 i 个评估对象的第 j 个观测值。利用极差法消除量纲：

$$y_{ij} = \frac{x_{\max(j)} - x_{ij}}{x_{\max(j)} - x_{\min(j)}} \quad (5.2)$$

求各指标的信息熵。y_{ij} 是不带量纲的，其值在[0,1]区间内，且指标实现了同向化。

第 j 个观测指标的熵值为

$$E_j = -\frac{1}{\ln n} \sum_{i=1}^{n} p_{ij} \ln(p_{ij}), \quad j = 1, 2, \cdots, m \quad (5.3)$$

根据第 j 个指标的熵值，确定各指标的权重为

$$\omega_j = \frac{1 - E_j}{\sum_{j=1}^{m}(1 - E_j)}, \quad j = 1, 2, \cdots, m \quad (5.4)$$

5.2.2 模型计算

中国激光产业链创新能力评价指标体系中的指标均为正向指标，应用式（5.2）对数据进行正向化无量纲化的处理后，应用式（5.3）计算各指标熵值，最后利用式（5.4）确定各指标权重。熵权法确定的指标体系三级指标权重见表 5.2。

表 5.2 中国激光产业链创新能力评价指标熵权法权重

一级指标	二级指标	三级指标
创新资源投入（30.92%）	人力资源投入（15.42%）	激光相关上市企业从业人员平均收入（23.71%）
		激光相关上市企业从业人员数（76.29%）
	物质资源投入（18.15%）	激光相关上市企业固定资产均值（42.96%）
		激光相关上市企业存货均值（57.04%）
	资金资源投入（29.75%）	激光国家自然科学基金资助额（36.84%）
		激光相关上市企业研发支出占营业收入的比例（18.37%）
		激光行业融资金额（44.79%）
	知识资源投入（36.68%）	激光相关重点研发机构数量（35.52%）
		激光企业数量（30.89%）
		激光专利申请数量（33.59%）
创新成果产出（13.08%）	产品产出（39.94%）	激光销售收入（58.10%）
		新产品市场（41.90%）

续表

一级指标	二级指标	三级指标
创新成果产出（13.08%）	知识产出（60.06%）	获奖成果（25.46%）
		期刊论文数（33.80%）
		激光专利授权量（40.74%）
产业关联及结构（21.20%）	产业聚集程度（24.46%）	行业集中度（20.18%）
		区位熵（79.82%）
	产业链结构（75.54%）	上游激光企业数量占比（8.36%）
		中游激光企业数量占比（11.21%）
		下游激光企业数量占比（12.84%）
		上游激光相关上市企业营业收入占比（28.78%）
		中游激光相关上市企业营业收入占比（29.99%）
		下游激光相关上市企业营业收入占比（8.81%）
科技转化平台（25.73%）	科技成果转化（46.09%）	激光相关的工程技术研究中心、工程技术中心（40.28%）
		激光相关的产业技术研究院（27.51%）
		激光相关的校企合作情况（32.21%）
	科技中介机构（53.91%）	激光相关的联盟（19.40%）
		激光相关的协会（19.03%）
		激光相关的学会（17.51%）
		激光相关的国家级孵化器（15.37%）
		激光相关的省市级孵化器（28.69%）
创新环境支撑（9.07%）	政策环境（53.46%）	激光相关的产业政策（100.00%）
	文化环境（46.54%）	激光相关的创新创业大赛（65.81%）
		光电类展会（34.19%）

5.3 层次分析法-熵权法组合模型

5.3.1 模型原理

层次分析法主要根据专家经验评判指标权重，偏重主观经验；熵权法基于指标数据计算，属于客观赋权法，但仅依靠一组数据不具有普遍性，因此将两种模型组合可得到更加科学的结果[76]。

假设，第 i 种评估模型得到的权向量为 $\mathbf{w}_i = (w_{i1}, w_{i2}, \cdots, w_{im})$，其中，$w_{im}$ 为第 i 种评估模型下，第 m 个指标所占的权重。现定义组合权重向量为 n 种评估模型得到的权向量的线性组合，记为 $\mathbf{w}^* = (w_1^*, w_2^*, \cdots, w_m^*)$，其中：

$$w_j^* = \sum_{i=1}^{n} \alpha_i w_{ij}$$

根据最小相对信息熵原理，可以得到如下模型：

$$\min F = \sum_{i=1}^{n}\sum_{j=1}^{m} w_j^*[\ln w_j^* - \ln w_{ij}]$$

$$\text{s.t.} \begin{cases} 0 \leqslant \alpha_i \leqslant 1 \\ \sum_{i=1}^{n}\alpha_i = 1 \end{cases} \quad (5.5)$$

通过求解上述规划模型，即可得到最终组合模型的综合权重向量 $w^* = (w_1^*, w_2^*, \cdots, w_m^*)$。

5.3.2 模型计算

从层次分析法和熵权法两种模型计算的权重结果来看，指标权重存在一定的差异。例如，一级指标中，层次分析法根据专家打分赋予了"创新成果产出"最高的权重；而熵权法计算中"创新资源投入"这一指标的差异性最大，被赋予了最高的权重。熵权法偏客观，层次分析法偏主观，因而将二者结合可以构建兼顾主观性与客观性的模型。

根据最小相对信息熵，构建形如式（5.5）的目标函数，求解此非线性规划问题。当层次分析法得到的权向量与熵权法以51.88%和48.12%的比例组合时，组合模型相对信息熵最小。根据层次分析法-熵权法组合确定的指标体系三级指标权重见表5.3。

表 5.3　中国激光产业链创新能力评价指标层次分析法-熵权法组合权重

一级指标	二级指标	三级指标
创新资源投入（22.25%）	人力资源投入（14.40%）	激光相关上市企业从业人员平均收入（37.28%）
		激光相关上市企业从业人员数（62.72%）
	物质资源投入（14.62%）	激光相关上市企业固定资产均值（46.34%）
		激光相关上市企业存货均值（53.66%）
	资金资源投入（28.77%）	激光国家自然科学基金资助额（29.53%）
		激光相关上市企业研发支出占营业收入的比例（32.27%）
		激光行业融资金额（38.19%）
	知识资源投入（42.21%）	激光相关重点研发机构数量（29.29%）
		激光企业数量（22.38%）
		激光专利申请数量（48.33%）
创新成果产出（31.46%）	产品产出（21.69%）	激光销售收入（75.82%）
		新产品市场（24.18%）
	知识产出（78.31%）	获奖成果（19.94%）
		期刊论文数（12.35%）
		激光专利授权量（67.72%）
产业关联及结构（23.58%）	产业聚集程度（51.43%）	行业集中度（62.84%）
		区位熵（37.16%）

续表

一级指标	二级指标	三级指标
产业关联及结构（23.58%）	产业链结构（48.57%）	上游激光企业数量占比（10.74%）
		中游激光企业数量占比（10.30%）
		下游激光企业数量占比（10.62%）
		上游激光相关上市企业营业收入占比（33.44%）
		中游激光相关上市企业营业收入占比（26.38%）
		下游激光相关上市企业营业收入占比（8.53%）
科技转化平台（16.40%）	科技成果转化（42.17%）	激光相关的工程技术研究中心、工程技术中心（43.89%）
		激光相关的产业技术研究院（26.55%）
		激光相关的校企合作情况（29.55%）
	科技中介机构（57.83%）	激光相关的联盟（17.64%）
		激光相关的协会（15.45%）
		激光相关的学会（14.40%）
		激光相关的国家级孵化器（23.73%）
		激光相关的省市级孵化器（28.79%）
创新环境支撑（6.31%）	政策环境（58.93%）	激光相关的产业政策（100.00%）
	文化环境（41.07%）	激光相关的创新创业大赛（67.23%）
		光电类展会（32.77%）

第6章 中国激光产业链创新能力分析与评价

6.1 地区综合排名

中国激光产业链创新能力地区综合排名依次为华东地区、华南地区、华中地区、华北地区、东北地区、西北地区、西南地区。华东地区一级指标得分在排名上具有明显优势，创新资源投入、创新成果产出、科技转化平台、创新环境支撑四个一级指标得分均位列第一。

对比各地区的综合排名：在创新资源投入方面，华北地区反超华中地区位列第三，区域排名依次为华东地区、华南地区、华北地区、华中地区、东北地区、西北地区、西南地区；在创新成果产出方面，华北地区反超华中地区位列第三，区域排名依次为华东地区、华南地区、华北地区、华中地区、东北地区、西南地区、西北地区；在产业关联及结构方面，华南地区位列榜首，华东地区得分位列第二，区域排名依次为华南地区、华东地区、华中地区、东北地区、西北地区、西南地区、华北地区；在科技转化平台方面，东北地区反超华北地区位列第四，区域排名依次为华东地区、华南地区、华中地区、东北地区、华北地区、西南地区、西北地区；在创新环境支撑方面，华中地区反超华南地区，东北地区反超华北地区，区域排名依次为华东地区、华中地区、华南地区、东北地区、华北地区、西南地区、西北地区。具体情况见表6.1。

表6.1 中国激光产业链创新能力地区综合排名

地区	创新资源投入位次	创新成果产出位次	产业关联及结构位次	科技转化平台位次	创新环境支撑位次	综合排名
华东地区	1	1	2	1	1	1
华南地区	2	2	1	2	3	2
华中地区	4	4	3	3	2	3
华北地区	3	3	7	5	5	4
东北地区	5	5	4	4	4	5
西南地区	7	6	6	6	6	7
西北地区	6	7	5	7	7	6

6.2 创新资源投入

从创新资源投入的二级指标（表6.2）来看：在人力资源投入方面，各地区得分差距不大，华南地区以略微优势排名第一，华东地区排名第二，华中地区排名第三，随后依次为东北地区、西南地区、华北地区和西北地区；在物质资源投入方面，得分最高的区域与得分最低的区域在分值上具有明显差距，东北地区排名第一，华南地区排名第二，华中地区排名第三，随后依次为华东地区、西南地区、西北地区和华北地区；在资金资源投入方面，华东地区排名第一，华北地区排名第二，西北地区排名第三，随后依次为华南地区、华中地区、东北地区、西南地区；在知识资源投入方面，华东地区排名第一，华南地区排名第二，华北地区排名第三，随后依次为华中地区、东北地区、西南地区和西北地区，具体情况如图6.1所示。

表 6.2　创新资源投入地区排名

地区	人力资源投入		物质资源投入		资金资源投入		知识资源投入	
	得分	排名	得分	排名	得分	排名	得分	排名
华东地区	0.00770	2	0.00328	4	0.01927	1	0.04037	1
华南地区	0.00894	1	0.00823	2	0.00748	4	0.01718	2
华中地区	0.00601	3	0.00546	3	0.00544	5	0.01076	4
华北地区	0.00198	6	0.00026	7	0.01698	2	0.01412	3
东北地区	0.00355	4	0.01241	1	0.00421	6	0.00448	5
西南地区	0.00222	5	0.00157	5	0.00282	7	0.00386	6
西北地区	0.00164	7	0.00132	6	0.00781	3	0.00315	7

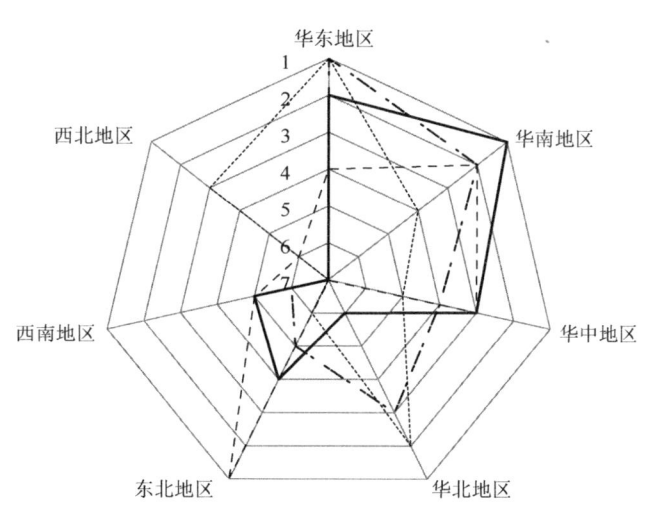

图 6.1　各地区创新资源投入排名雷达图

6.2.1　人力资源投入

人力资源投入指标下设激光相关上市企业从业人员平均收入和激光相关上市企业从业人员数两个三级指标。

1. 激光相关上市企业从业人员平均收入

从各地区激光相关上市企业从业人员平均收入得分排名（表6.3）来看，华南地区明显高于其他地区，2019年激光相关上市企业从业人员平均收入15.15万元，激光相关上市企业人均收入超过10万元的企业数量占激光相关上市企业总数的比重超过93%，大族激光、迪威迅、光峰科技、普门科技从业人员平均收入更是超过15万元。区域内，激光相关上市企业人均收入最高的是光峰科技，2019年从业人员平均收入达到23.9万元，同比增长率达到19.7%。光峰科技作为国内激光显示的龙头企业，主要研发和生产高端半导体显示光源，提供固态光源解决方案，2017~2019年光峰科技营业收入实现跨越式的增长，员工薪酬也遥遥领先于业内企业。具体情况如图6.2所示。

表6.3 各地区激光相关上市企业从业人员平均收入得分排名（2019年）

地区	排名	得分	激光上市企业从业人员平均收入/万元
华东地区	6	0.00165	12.52
华南地区	1	0.00200	15.15
华中地区	3	0.00170	12.88
华北地区	4	0.00169	12.82
东北地区	5	0.00167	12.67
西南地区	2	0.00187	14.16
西北地区	7	0.00136	10.30

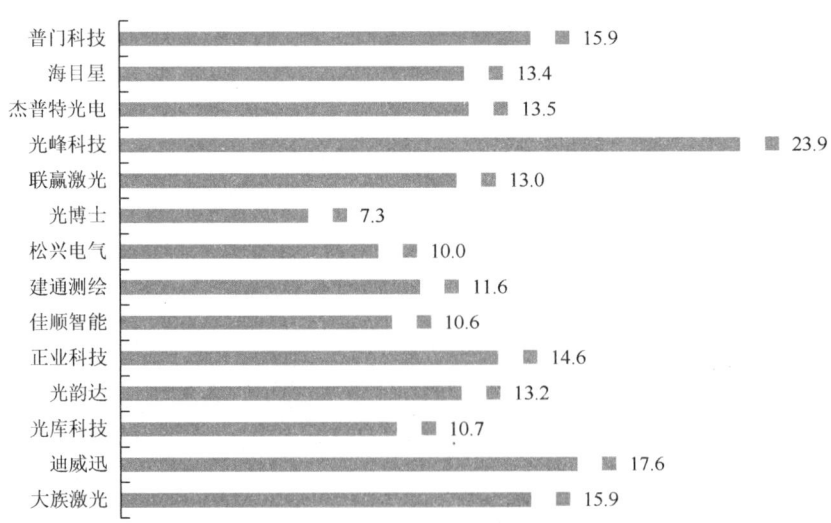

图6.2 2019年华南地区主要激光相关上市企业从业人员平均收入（单位：万元）

当各地区激光相关上市企业从业人员平均收入得分排名第二位的是西南地区，2019年从业人员平均收入 14.16 万元。西南地区参与统计的激光相关上市企业共两家,分别是东骏激光和极米科技,2019 年从业人员平均收入分别为 11.1 万元[①]和 14.74 万元。

各地区激光相关上市企业从业人员平均收入得分排名第三位到第六位的分别是华中地区、华北地区、东北地区和华东地区,四个区域激光相关上市企业从业人员平均收入依次为 12.88 万元、12.82 万元、12.67 万元和 12.52 万元。激光相关上市企业从业人员平均收入得分排名第七位的是西北地区,2019 年激光相关上市企业从业人员平均收入为 10.30 万元。

2019 年,全年全国居民人均可支配收入 30733 元[②]。从全国范围内激光相关上市企业从业人员收入的平均统计数据来看,中国激光相关上市企业从业人员平均收入超出全国居民人均可支配收入,表明激光行业整体具有较高的薪酬水平。一方面,激光行业的高薪酬体现了产业蓬勃发展带来了较好的福祉;另一方面,较高的薪酬水平也将吸引更多优秀人才投身到激光行业,激励产业创新发展。

2. 激光相关上市企业从业人员数

从各地区激光相关上市企业从业人员数得分排名和占比(表 6.4,图 6.3)来看,2019 年华南地区激光相关上市企业从业人员共 26548 人,得分排名第一。作为中国制造业最为集中的地区之一,华南地区也是我国激光加工技术及产品应用的重要区域,是激光行业密切关注的焦点。华南激光产业基础雄厚,激光企业数量众多。华南地区产业链范围广——覆盖激光芯片、激光光源、激光元器件、激光器、激光设备等各环节,下游应用丰富——扩展到激光加工、激光医疗、激光测量、激光显示等众多领域,形成了激光行业从业人员的最高密集点。具体情况如图 6.4 所示。

表 6.4 各地区激光相关上市企业从业人员数得分排名(2019 年)

地区	排名	得分	激光上市企业从业人员数/人
华东地区	2	0.00605	23141
华南地区	1	0.00694	26548
华中地区	3	0.00431	16481
华北地区	6	0.00029	1093
东北地区	4	0.00188	7192
西南地区	5	0.00035	1338
西北地区	7	0.00028	1081

各地区激光相关上市企业从业人员数得分排名第二位的是华东地区。华东地区激光市场主要集中在上海和浙江两省市,已形成完整激光产业链并达到一定规模,汇集了大量的激光行业从业人员。近年来,江苏激光产业迈入高速发展新时期[77],已成为继广东、湖北之后全国第三个激光产业聚集地和中国最大的两个运用市场之一,引领华东地区激光产业持续发展,激光行业从业人员数进一步增加。

---

① 东骏激光于 2020 年 7 月 31 日终止上市,从业人员平均收入统计截止日期为 2018 年 12 月 31 日。
② 数据来源:中华人民共和国国家统计局。

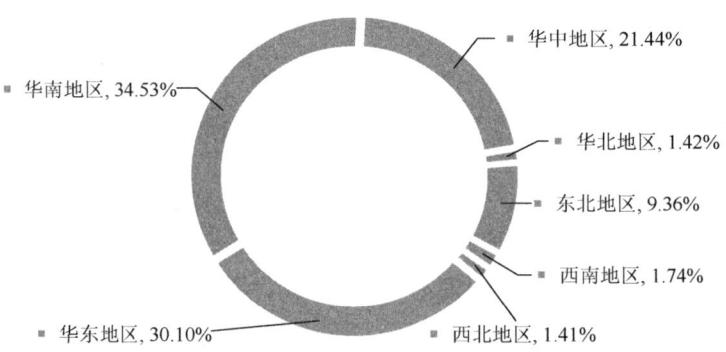

图 6.3　各地区激光相关上市企业从业人员数占比（2019 年）

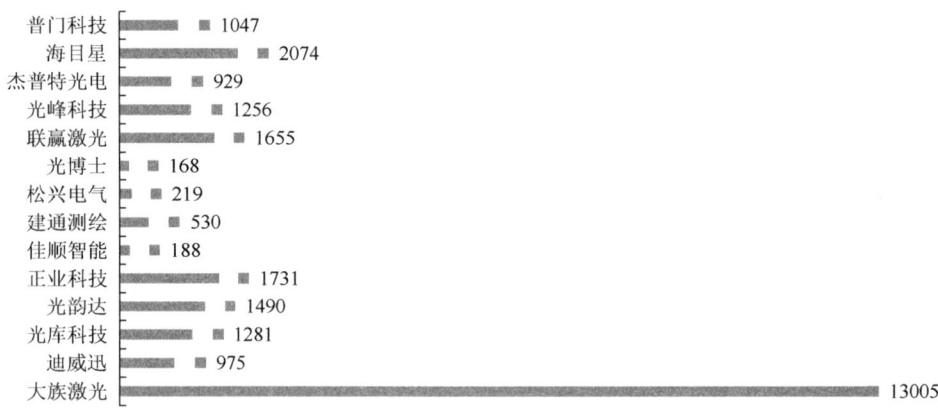

图 6.4　2019 年华南地区主要激光相关上市企业从业人员数（单位：人）

各地区激光相关上市企业从业人员数得分排名第三位的是华中地区。华中地区以武汉为中心，依托武汉"中国光谷"的激光产业及国家自主创新示范区的发展优势，激光产业迅速发展壮大。武汉"中国光谷"在激光加工技术和产业化领域具有完备的产学研国家级基地，包括产业化基地、技术源头创新基地——武汉光电国家研究中心、工程化创新基地——激光加工国家工程研究中心。华中地区激光企业（含非上市企业）超过 100 家，近 10 万人从事激光技术及产业化[①]相关工作。

各地区激光相关上市企业从业人员数得分排名第四位到第七位的分别是东北地区、西南地区、华北地区和西北地区，四个地区的激光相关上市企业从业人员数与华南地区、华东地区和华中地区差距较大，依次为 7192 人、1338 人、1093 人和 1081 人，占全部激光相关上市企业从业人员数的比重分别为 9.36%、1.74%、1.42% 和 1.41%。

人才支持在产业发展的过程中占据着至关重要的地位，是产业持续发展的基础。人力资源投入得分排名前三位是华南地区、华东地区和华中地区，这三个地区也是中国激光产业的三大聚集区，一方面验证了人力资源投入对激光产业发展的带动作用，另一方面也反映出激光产业发展对人才储备的巨大需求。

---

① 数据来源：维科网·激光 https://laser.ofweek.com/2016-08/ART-8500-2400-30022440.html. [2022-05-09]。

6.2.2 物质资源投入

物质资源投入下设激光相关上市企业固定资产均值和激光相关上市企业存货均值两个三级指标。

1. 激光相关上市企业固定资产均值

从各地区激光相关上市企业固定资产均值得分排名（表 6.5）来看，东北地区得分明显高于其他地区，排名第一。2019 年，东北地区激光相关上市企业固定资产均值达到 1286.08 万元，其中沈阳新松机器人自动化股份有限公司（以下简称新松机器人）固定资产均值 154828.29 万元，领先于全国各地区激光相关上市企业。新松机器人是国内最大的机器人产业化基地，本部位于沈阳，在上海设有国际总部，在沈阳、上海、杭州、青岛、天津、无锡、潍坊建有产业园区，在济南设有山东新松工业软件研究院股份有限公司。新松机器人用机器人生产机器人，率先开展制造模式的根本性变革，在固定资产投入方面投入巨大，2017~2019 年的固定资产平均增速达到 28.6%，拉动东北地区激光产业固定资产均值的增长。具体情况如图 6.5 所示。

表 6.5　各地区激光相关上市企业固定资产均值得分排名（2019 年）

地区	排名	得分	激光相关上市企业固定资产均值/万元
华东地区	4	0.00250	65067.83
华南地区	2	0.00342	88845.70
华中地区	3	0.00293	76184.21
华北地区	7	0.00013	3269.14
东北地区	1	0.00495	128628.08
西南地区	6	0.00021	5390.34
西北地区	5	0.00095	24654.41

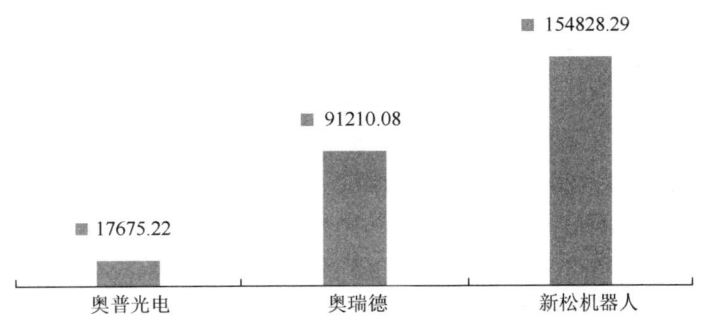

图 6.5　2019 年东北地区主要激光相关上市企业固定资产均值（单位：万元）

各地区激光相关上市企业固定资产均值得分排名第二位的是华南地区，2019 年激光相关上市企业固定资产均值达到 88845.70 万元，固定资产总值亿元以上的企业主要有大族激光、光韵达、光峰科技、正业科技、光库科技、海目星和普门科技。

作为华南地区的主力军，近年来大族激光固定资产总值波动较大。从2017年开始，大族激光在建工程的金额大幅上升，并在2019年远远超过了固定资产，在建工程未能顺利转化为固定资产，造成固定资产账面价值增长率的停滞甚至下滑，具体情况如图6.6所示。

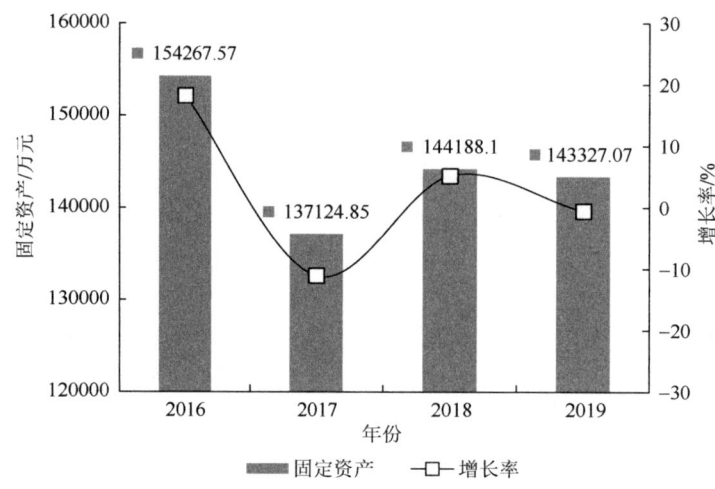

图6.6　2016~2019年大族激光固定资产及增长率

各地区激光相关上市企业固定资产均值得分排名第三位的是华中地区，2019年激光相关上市企业固定资产均值76184.21万元，固定资产总值亿元以上的企业主要有华工科技、中光学（利达光电）、华中数控、锐科激光和久之洋。华工科技2019年固定资产总值14.47亿元，是华中地区固定资产均值提升的主要动力。

各地区激光相关上市企业固定资产均值得分排名第四位到第七位的分别是华东地区、西北地区、西南地区和华北地区，激光相关上市企业固定资产均值依次为65067.83万元、24654.41万元、5390.34万元和3269.14万元。

2. 激光相关上市企业存货均值

从各地区激光相关上市企业存货均值得分排名（表6.6）来看，东北地区排名第一，2019年激光相关上市企业存货均值达到235058.98万元。东北地区的激光相关上市企业存货均值主要受新松机器人的带动，2019年新松机器人存货总值达到311286.42万元，同比增长9.8%，虽然2016~2019年增长率逐年下降，但存货账面价值均呈现正增长，具体情况如图6.7所示。

表6.6　各地区激光相关上市企业存货均值得分排名（2019年）

地区	排名	得分	激光相关上市企业存货均值/万元
华东地区	5	0.00078	24464.80
华南地区	2	0.00482	151686.57
华中地区	3	0.00253	79811.36

续表

地区	排名	得分	激光相关上市企业存货均值/万元
华北地区	7	0.00013	4129.43
东北地区	1	0.00746	235058.98
西南地区	4	0.00136	42886.15
西北地区	6	0.00037	11808.32

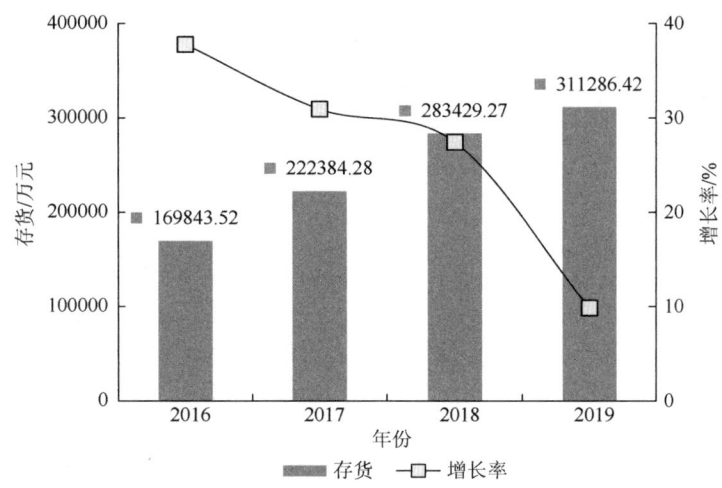

图 6.7　2016~2019 年新松机器人存货及增长率

各地区激光相关上市企业存货均值得分排名第二位的是华南地区，2019 年激光相关上市企业存货均值 151686.57 万元。存货价值亿元以上企业主要有大族激光、佳顺智能、迪威迅、光库科技、松兴电气、建通测绘、正业科技，其中大族激光存货价值最高，2019 年存货账面价值达到 25.32 亿元。

各地区激光相关上市企业存货均值得分排名第三位的是华中地区，2019 年激光相关上市企业存货均值 79811.36 万元。存货价值亿元以上企业主要有中光学、华工科技、华中数控、金运激光、帝尔激光、久之洋、科贝科技，其中中光学存货价值最高，2019 年存货账面价值达到 12.65 亿元。

各地区激光相关上市企业存货均值排名第四位到第七位的分别是西南地区、华东地区、西北地区和华北地区，激光相关上市企业存货均值依次为 42886.15 万元、24464.80 万元、11808.32 万元和 4129.43 万元。

物质资源投入是产业创新发展的重要驱动力量之一，东北地区、华南地区和华中地区作为物资资源投入的前三位，在促进激光产业创新发展方面有着坚实的物质基础。

6.2.3　资金资源投入

资金资源投入下设激光国家自然科学基金资助额、激光相关上市企业研发支出占营业收入的比例、激光行业融资金额三个三级指标。

1. 激光国家自然科学基金资助额

从各地区激光国家自然科学基金资助额得分排名（表6.7）来看，华东地区排名第一。2019年，华东地区共有174个项目获得国家自然科学基金的资助，资助额达到14814.69万元。从受资助机构类型来看：高校占比70%以上，其中上海交通大学共获得9项激光领域的国家自然科学基金资助；科研院所中中国科学院上海光学精密机械研究所成绩突出，共获取了23项激光领域的国家自然科学基金资助。具体情况如图6.8所示。

表6.7 各地区激光国家自然科学基金资助额得分排名（2019年）

地区	排名	得分	国家自然科学基金资助额/万元
华东地区	1	0.00697	14814.69
华南地区	5	0.00131	2785.29
华中地区	3	0.00189	4017.60
华北地区	2	0.00520	11042.88
东北地区	4	0.00165	3507.44
西南地区	7	0.00074	1578.22
西北地区	6	0.00115	2435.65

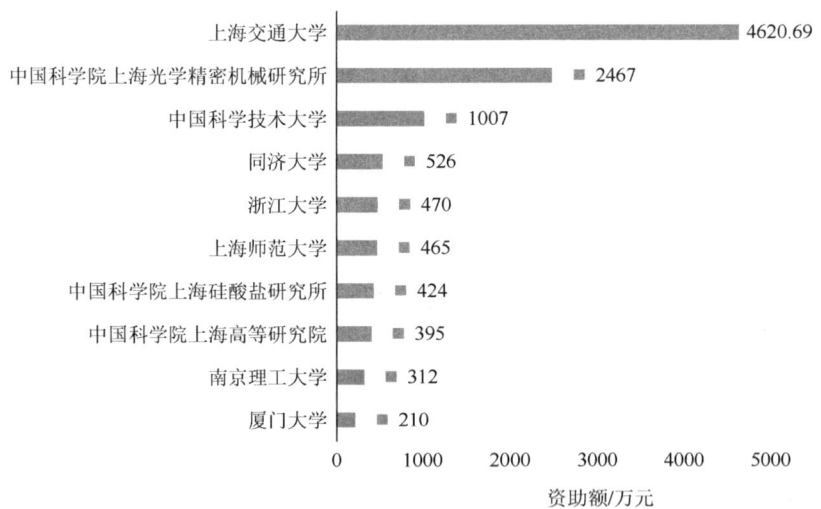

图6.8 2019年华东地区激光领域国家自然科学基金资助额排名前十的机构

各地区激光国家自然科学基金资助额得分排名第二位的是华北地区，2019年华北地区共获得国家自然科学基金资助额11042.88万元。虽然河北、山西、天津也有激光领域相关项目获得国家自然科学基金资助，但从金额分布来看，85%以上的资助项目来自北京，具体情况如图6.9所示。

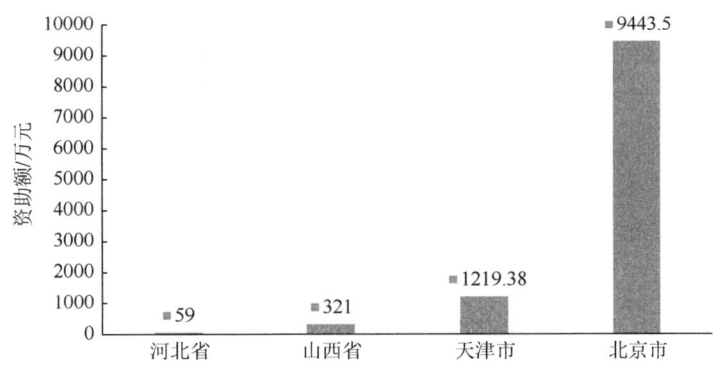

图 6.9　2019 年华北地区各省市激光领域国家自然科学基金资助额分布

各地区激光国家自然科学基金资助额得分排名第三位的是华中地区，2019 年获得国家自然科学基金资助额 4017.6 万元，其中，湖北省获得 2751.1 万元资助，湖南省获得 1148.5 万元资助，河南省获得 118 万元资助。

各地区激光国家自然科学基金资助额得分排名第四位到第七位的分别是东北地区、华南地区、西北地区和西南地区，2019 年获得国家自然科学基金资助额依次为 3507.44 万元、2785.29 万元、2435.65 万元和 1578.22 万元。

2. 激光相关上市企业研发支出占营业收入的比例

从各地区激光相关上市企业研发支出占营业收入的比例得分排名（表 6.8）来看，2019 年西北地区激光相关上市企业研发支出占营业收入的比例达 17.80%，位列第一。虽然西北地区激光相关上市企业仅有铂力特和炬光科技两家，但这两家企业的研发费用占其营业收入的比例均较高，分别为 13.06% 和 22.35%，可见两家企业均十分注重技术研发创新。铂力特是中国领先的金属增材制造技术全套解决方案提供商，2019 年其研发经费投入为 4203.43 万元；炬光科技位列全球高功率半导体激光器及激光微光学行业前列，2019 年其研发经费投入高达 7487.05 万元。

表 6.8　各地区激光相关上市企业研发支出占营业收入的比例得分排名

地区	排名	得分	上市企业研发支出占营业收入的比例/%
华东地区	4	0.00302	9.61
华南地区	2	0.00325	10.35
华中地区	5	0.00241	7.67
华北地区	3	0.00325	10.35
东北地区	6	0.00195	6.20
西南地区	7	0.00120	3.83
西北地区	1	0.00559	17.80

华南地区和华北地区激光相关上市企业研发支出占营业收入的比例得分差距微弱，分别位列第二、第三，两地区 2019 年激光相关上市企业研发支出占营业收入的比例均为 10.35%。各地区激光相关上市企业研发支出占营业收入的比例得分排名第四位到第七位

的分别为华东地区、华中地区、东北地区和西南地区,四个地区 2019 年激光相关上市企业研发支出占营业收入的比例分别为 9.61%、7.67%、6.20%、3.83%。

从 2019 年各地区激光相关上市企业研发经费支出来看,如图 6.10 所示,华南地区、华东地区、华中地区位列前三,分别为 182984.03 万元、126187.40 万元、100356.19 万元,后面依次为东北地区、西北地区、西南地区和华北地区。

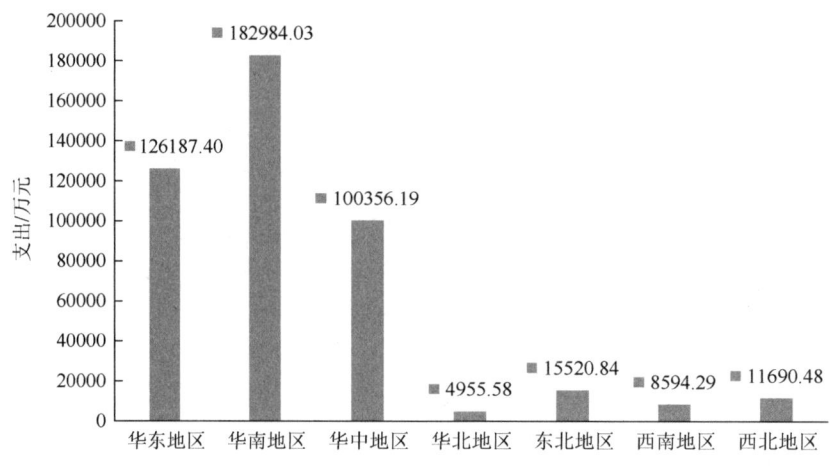

图 6.10　2019 年各地区激光相关上市企业研发经费支出

3. 激光行业融资金额

从各地区激光行业融资金额来看,如图 6.11 所示,华东地区和华北地区融资能力强劲,均超过 3300 亿元。2019 年,华东地区和华北地区的融资金额全国占比分别接近 38%、35%,位列第一、第二;华南地区以 1130.43 亿元的融资金额位列第三,融资金额全国占比约 12%。华东地区、华北地区、华南地区的资金投入较高促进了这些地区整体产业链创新能力的提升。

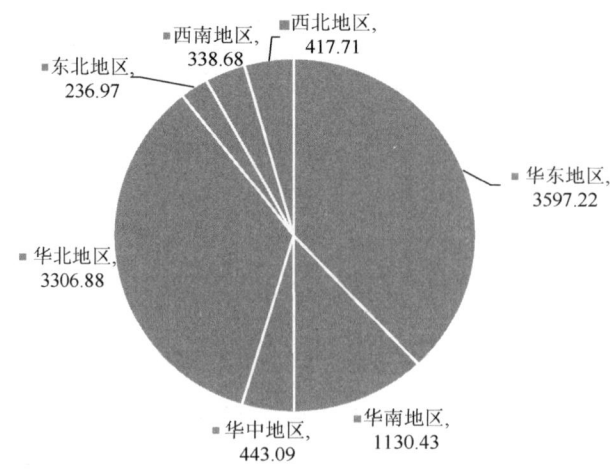

图 6.11　2019 年各地区激光行业融资金额(单位:亿元)

在激光领域，2019 年全国共有 12 起投融资案例，其中，江苏省 4 起，湖北省 3 起，广东省 2 起，湖南省 2 起，上海市 1 起。华东地区、华中地区和华南地区融资案例相对集中：2019 年 9 月 6 日，江苏省亚威精密激光获亚巍星明创业投资 3.00 亿元人民币 A 轮投资；2019 年 2 月 26 日，广东省创鑫激光获深圳市招商招银基金 1.84 亿元人民币投资。具体情况见表 6.9。

表 6.9　2019 年全国激光领域投融资事件

公司	案例	地区	投资机构	事件轮次
泰德激光	泰德激光获小米集团 PreB 轮投资	广东省	小米集团	PreB
度亘激光	度亘激光获元禾原点创投 A+轮投资	江苏省	元禾原点创投 元禾控股	A+
逸飞激光设备	逸飞激光设备获上海宏鹰股权投资基金 4050.00 万元人民币 B 轮投资	湖北省	上海宏鹰股权投资基金 两山逸骋一号 咸宁香城新兴产业股权投资基金 容易海达投资 朗润涵纳基金 民生证券投资 泰达科技 海东科技创投	B
亚威精密激光	亚威精密激光获亚巍星明创业投资 3.00 亿元人民币投资	江苏省	亚巍星明创业投资 江苏聿泉亚威沣盈基金 重大产业项目投资基金	A
大科激光	大科激光获深创投 A+轮投资	湖南省	深创投 湖南红土瑞锦创业投资基金 红土创投基金	A+
罗根激光	罗根激光获涌铧投资 A 轮投资	湖北省	涌铧投资	A
大科激光	大科激光获豪迈欣兴股权 A 轮投资	湖南省	豪迈欣兴股权	A
创鑫激光	创鑫激光获深圳市招商招银基金 1.84 亿元人民币投资	广东省	深圳市招商招银基金 漳州开发区招科创新生态智慧创业 　基金合伙企业 长江小米基金	不详
莱赛激光	莱赛激光获张敏俐 1710.00 万元人民币新三板定增投资	江苏省	张敏俐 陆建红	新三板定增
飞博激光	飞博激光获创投汇富 C 轮投资	上海市	创投汇富 前海母基金 追远创投	C
安扬激光	安扬激光获招商财富 B 轮投资	湖北省	招商财富	B
度亘激光	度亘激光获同兴财富 A 轮投资	江苏省	同兴财富 相城创投 西科天使基金	A

各地区激光行业融资金额得分排名第四位到第七位的分别是华中地区、西北地区、西南地区、东北地区。这四个地区 2019 年的融资金额均低于 500 亿元，与前三名的差距较大，也在一定程度上反映出中西部的吸金能力明显落后于沿海地区，需进一步拓宽投融资渠道，建立多元化投融资机制，进而促进产业发展，具体情况见表 6.10。

表 6.10 各地区激光行业融资金额得分排名（2019 年）

地区	排名	得分	融资金额/亿元
华东地区	1	0.00929	3597.22
华南地区	3	0.00292	1130.43
华中地区	4	0.00114	443.09
华北地区	2	0.00854	3306.88
东北地区	7	0.00061	236.97
西南地区	6	0.00087	338.68
西北地区	5	0.00108	417.71

6.2.4 知识资源投入

知识资源投入指标下设激光相关重点研发机构数量、激光企业数量（年营业收入 2000 万元以上企业）、激光专利申请数量三个三级指标。

1. 激光相关重点研发机构数量

从各地区激光相关重点研发机构数量（表 6.11）来看，2019 年华东地区有 131 家，以绝对数量优势位列第一，其中高校占比约 70%，科研院所占比约 30%。华北地区、华南地区、华中地区激光相关重点研发机构数量在 20 家以上，处于第二梯队。东北地区、西北地区、西南地区激光相关重点研发机构数量少于 20 家，处于第三梯队。

表 6.11 各地区激光相关重点研发机构数量得分排名（2019 年）

地区	排名	得分	激光相关重点研发机构数量/家
华东地区	1	0.01282	131
华南地区	3	0.00294	30
华中地区	4	0.00245	25
华北地区	2	0.00568	58
东北地区	5	0.00176	18
西南地区	7	0.00088	9
西北地区	6	0.00098	10

华东地区拥有一大批激光领域重点研发机构，其中重点科研院所包括中国科学院上海光学精密机械研究所、中国科学院福建物质结构研究所、中国科学院合肥物质科学研究院、中国科学院安徽光学精密机械研究所、南京先进激光技术研究院等；激光相关重点高校包括江苏大学、浙江大学、山东大学、上海交通大学、中国科学技术大学、复旦大学等。

华北地区激光相关重点科研院所包括中国科学院半导体研究所、中国航空制造技术研究院、中国科学院理化技术研究所、中国计量科学研究院、中国人民解放军军事科学院国防科技创新研究院、核工业理化工程研究院、中国科学院物理研究所、中国科学院微电子研究所等；激光相关重点高校包括中国科学院大学、北京理工大学、天津大学、清华大学、北京工业大学、北京航空航天大学、北京大学等。

华南地区激光相关重点科研院所包括中国科学院深圳先进技术研究院、深圳第三代半导体研究院、广东省智能机器人研究院、广东省科学院中乌焊接研究所等；激光相关重点高校包括华南理工大学、深圳大学、中山大学、暨南大学等。

华中地区激光相关重点科研院所包括中国科学院武汉物理与数学研究所、武汉邮电科学研究院、湖北航天技术研究院总体设计所等；激光相关重点高校包括华中科技大学、武汉大学、武汉理工大学、中南大学、湖南大学、湖北工业大学等。

2. 激光企业数量

通过对各地区 2019 年年营业收入 2000 万元及以上企业（含非上市）进行调查统计，排名前三位的是华东地区、华南地区和华中地区，企业数量依次为 82 家、54 家和 36 家。可见，大量激光企业聚集在华东地区、华南地区和华中地区，东北地区、西南地区和西北地区的激光企业较少，数量在 10 家以下，具体情况见表 6.12。

表 6.12 各地区激光企业数量得分排名（2019 年）

地区	排名	得分	激光企业数量/家
华东地区	1	0.00837	82
华南地区	2	0.00551	54
华中地区	3	0.00367	36
华北地区	4	0.00224	22
东北地区	5	0.00061	6
西南地区	6	0.00031	3
西北地区	6	0.00031	3

华东地区代表性的激光企业包括福晶科技、柏楚电子、福特科、水晶光电、沃格光电、波长光电、瑞可达等。华南地区的激光企业主要集中在广东省，尤其集中在深圳市，如大族激光、迪威迅、联赢激光、光峰科技、光韵达等。华中地区的激光企业主要集中在湖北省，如帝尔激光、华工科技、华中数控、久之洋、锐科激光等。华北地区的激光企业大多集中在北京，如集光通达、首量科技、天健创新、高普乐。东北地区代表性的激光企业包括奥普光电、奥瑞德、新松机器人等。西南地区代表性的激光企业包括东骏激光、极米科技等。西北地区代表性的激光企业包括铂力特、炬光科技等。具体情况见表 6.13。

表 6.13 各地区部分代表性激光企业

地区	企业	省（市）	激光相关主营业务
华东地区	福晶科技	福建	激光晶体与元件
	柏楚电子	上海	激光切割控制系统
	福特科	福建	激光元器件

续表

地区	企业	省（市）	激光相关主营业务
华东地区	水晶光电	浙江	激光晶体与元件
	沃格光电	江西	激光晶体与元件
	波长光电	江苏	激光晶体与元件
	瑞可达	江苏	激光晶体与元件
	镭之源	山东	激光电源
	海泰新光	山东	激光元器件
华南地区	大族激光	深圳	激光加工
	迪威迅	深圳	激光显示
	联赢激光	深圳	激光加工
	光峰科技	深圳	激光电视、激光投影、激光放映机
	光库科技	珠海	激光器光纤
	光韵达	深圳	激光加工
华中地区	帝尔激光	湖北	激光加工
	华工科技	湖北	激光加工
	华中数控	湖北	激光加工
	金运激光	湖北	激光加工
	久之洋	湖北	激光测量
	锐科激光	湖北	激光器光纤
华北地区	集光通达	北京	激光器
	首量科技	北京	激光材料
	天健创新	北京	激光测量
	瑞兆激光	唐山	激光再制造
	高普乐	北京	激光夜视
	德中技术	天津	激光加工
东北地区	奥普光电	长春	激光晶体与元件
	奥瑞德	哈尔滨	激光晶体与元件
	新松机器人	沈阳	激光加工
西南地区	东骏激光	成都	激光晶体及元件
	极米科技	成都	激光电视
西北地区	铂力特	西安	3D打印
	炬光科技	西安	激光器半导体

3. 激光专利申请数量

激光专利申请数量排名前三位的是华东地区、华南地区和华北地区。华东地区2019年激光专利申请数量19418件，远高于其他地区，可见华东地区十分注重激光技术的创新研发和专利布局。具体情况见表6.14。

表 6.14 各地区激光专利申请数量得分排名（2019 年）

地区	排名	得分	激光专利申请数量/件
华东地区	1	0.01918	19418
华南地区	2	0.00873	8845
华中地区	4	0.00464	4699
华北地区	3	0.00619	6271
东北地区	6	0.00211	2134
西南地区	5	0.00267	2702
西北地区	7	0.00186	1886

从 2019 年各省市激光专利申请数量分布来看：华东地区以江苏为主要的申请地，江苏申请了 7630 件激光相关专利；华南地区广东有 8341 件激光相关专利，占据了该地区 95%以上的申请量；华中地区湖北的激光专利申请数量是河南、湖南的两倍以上。具体情况如图 6.12 所示。

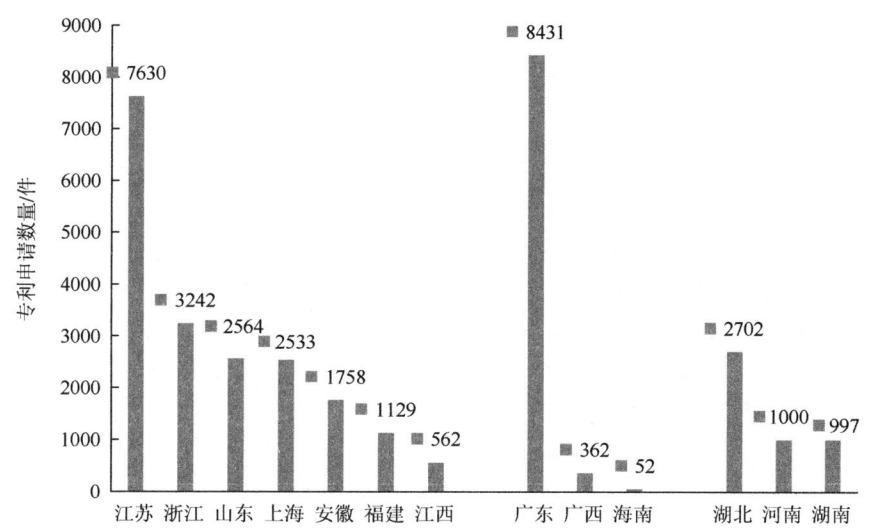

图 6.12 2019 年华东地区、华南地区、华中地区各省市激光专利申请数量

知识资源是知识创新成果的投入来源，知识创新是技术创新、组织创新和管理创新的前提条件，知识资源投入直接关系到整体创新的结果。华东地区、华南地区、华北地区作为知识资源投入前三位的地区，在促进我国激光产业知识创新方面做出了突出贡献。

6.3 创新成果产出

在创新成果产品产出的地区排名中，华南地区排名第一位，其次是华东地区、华中地区和华北地区，西南地区、东北地区、西北地区受到产业规模的限制，在产品产出方面得分明显落后于前面四个地区。在知识产出方面，华东地区得分以绝对优势排名第一，其次是华南地区、华北地区、华中地区、东北地区、西南地区和西北地区，具体情况见表 6.15。

表 6.15 创新成果产出地区排名

地区	产品产出		知识产出	
	得分	排名	得分	排名
华东地区	0.01500	2	0.09218	1
华南地区	0.02407	1	0.03920	2
华中地区	0.01480	3	0.02758	4
华北地区	0.00673	4	0.03842	3
东北地区	0.00268	6	0.02471	5
西南地区	0.00298	5	0.01447	6
西北地区	0.00197	7	0.00982	7

6.3.1 产品产出

产品产出指标下设激光销售收入和新产品市场两个三级指标。

1. 各地区激光销售收入

激光销售收入反映了激光产业规模。华南地区处于领先地位，2019 年激光销售收入约 270 亿元，远超其他六个地区（表 6.16）。华南地区激光上市企业多达 17 家，其中作为激光设备龙头企业的大族激光，2019 年销售收入接近 100 亿元，占华南地区激光销售总收入的近三成。

表 6.16 各地区激光销售收入得分排名（2019 年）

地区	排名	得分	激光销售收入/亿元
华东地区	2	0.01101	150
华南地区	1	0.01981	270
华中地区	3	0.01027	140
华北地区	4	0.00514	70
东北地区	6	0.00161	22
西南地区	5	0.00271	37
西北地区	7	0.00117	16

各地区激光销售收入得分排名第二位的是华东地区，2019 年激光销售收入约 150 亿元。

华东地区激光产业发展较为均衡，2019年区域内多家激光相关上市企业产业规模超过10亿元，如水晶光电、亚威股份、邦德激光、赛腾股份。

各地区激光销售收入得分排名第三位的是华中地区，2019年激光销售收入约140亿元，形成了以湖北武汉为首的激光产业群。

各地区激光销售收入得分排名第四位的是华北地区，其激光产业主要集中在北京、河北。西南地区、东北地区和西北地区的激光产业规模大幅落后于东中部地区，激光销售收入均处于50亿元以下规模水平，具体情况见表6.16。

2. 新产品市场

从2019年新产品市场数量来看，华中地区发布最多，其次是华南地区、华东地区，这三个地区均有15条及以上。相比而言，华北地区、东北地区、西北地区、西南地区发布数量较少，具体情况见表6.17。

表6.17　各地区新产品市场得分排名（2019年）

地区	排名	得分	新产品市场/条
华东地区	3	0.00399	15
华南地区	2	0.00426	16
华中地区	1	0.00452	17
华北地区	4	0.00160	6
东北地区	5	0.00106	4
西南地区	7	0.00027	1
西北地区	6	0.00080	3

华中地区的华工科技有多条发布。例如：2019年华工科技产业股份有限公司旗下子公司华工正源发布25 GBASE DSFP产品，满足5 G传输对光模块低功耗、小型化、光纤利用率高的关键需求[1]；武汉华工激光工程有限责任公司（以下简称华工激光）创新升级MARVEL15000 W激光切割机[2]；华工科技投资2.5亿元的激光机器人系统智能工厂项目开工建设[3]。华南地区也有多条新产品市场相关发布，如正业科技与深南电路合作开发IC载板新型激光成型工艺设备[4]，光库科技无封装高功率光纤光栅荣获"2019维科杯技术创新奖"[5]。

产品产出主要体现产业链整合内外部资源推出新的产品、拓展新市场的能力，华南地区、华东地区、华中地区的产品产出能力较强于其他地区，一方面体现在它们的激光产业销售收入较高，另一方面也得益于它们发布了更多的新产品。

---

[1] 数据来源：华工正源官网 http://www.genuine-opto.com/gsxw/344.jhtml. [2022-05-09]。
[2] 数据来源：华工科技官网 https://www.hgtech.com.cn/gsxw/3570.jhtml. [2022-05-09]。
[3] 数据来源：华工科技官网 https://www.hgtech.com.cn/gsxw/3569.jhtml. [2022-05-09]。
[4] 数据来源：新浪财经 https://finance.sina.com.cn/roll/2019-08-22/doc-ihytcern2648035.shtml. [2022-05-09]。
[5] 数据来源：光库科技官网 http://www.afrlaser.com/touch/news/Inner.aspx？id=10000621. [2022-05-09]。

6.3.2 知识产出

知识产出下设获奖成果、期刊论文数、激光专利授权量三个三级指标。

1. 获奖成果

获奖成果包括国家科学技术奖和省级科学技术奖。从获奖成果得分来看：2019年激光领域获奖成果排名第一的是华东地区，获得国家级及省级奖励34项；华北地区和东北地区以22项获奖成果并列第二；华中地区2019年度获奖成果共计19项，排名第三位，具体情况见表6.18。

表 6.18 各地区获奖成果得分排名（2019 年）

地区	排名	得分	获奖成果/项
华东地区	1	0.01392	34
华南地区	5	0.00409	10
华中地区	4	0.00778	19
华北地区	2	0.00900	22
东北地区	2	0.00900	22
西南地区	6	0.00327	8
西北地区	7	0.00205	5

2019年华东地区共获得7项光电领域国家科学技术奖，其中："多功能强激光薄膜器件设计与全流程制作技术及应用"项目获得2019年度国家技术发明奖二等奖；"面向柔性光电子的微纳制造关键技术与应用"项目获得2019年度国家科学技术进步奖二等奖。2019年华东地区共获得27项激光领域省级奖励，区域内各省市均有激光领域项目上榜，其中："超强激光驱动粒子源与新光场"项目获得2019年度上海市自然科学奖一等奖；"面向半导体集成电路光刻的准分子激光激励源技术及应用"项目获得2019年度安徽省技术发明奖一等奖；"基于二维材料的宽波段短脉冲激光技术及应用"项目获得2019年度福建省自然科学奖二等奖；"航空复杂构件激光表面强化与复合再制造关键技术及其应用"项目获得2019年度江苏省科学技术奖一等奖；"高质高效激光表面改性技术及其工业应用"项目获得2019年度浙江省技术发明奖一等奖；"高性能单纤 8 kW 全光纤激光器关键技术研发及产业化"项目获得2019年度山东省科学技术进步奖二等奖；"特种功能镀膜关键技术研发及产业化应用"项目获得2019年度江西省技术发明奖二等奖。

2019年华北地区共获得两项光电领域国家科学技术奖。其中："铁基超导电子结构与磁相互作用的理论研究"项目获得2019年度国家自然科学奖二等奖；"超高速超长距离T比特光传输系统关键技术与工程实现"项目获得2019年度国家科学技术进步奖二等奖。2019年华北地区共获得20项激光领域省级奖励，其中："宽带混沌激光时延特征抑制机理"项目获得2019年度山西省科学技术奖二等奖；"基于三维激光扫描实现风机塔筒垂度监测关键技术研究"项目获得 2019 年度内蒙古自治区科学技术进步奖三等奖;"超特高压输电线路激光雷达巡检关键技术及应用"项目获得 2019 年度北京市科学技术进步奖二等奖;"隧道结半导体激光器"项目获得 2019 年度河北省技术发明奖三等奖。

2019 年东北地区共获得两项光电领域国家科学技术奖。其中:"CALYPSO 晶体结构预测方法与应用"项目获得 2019 年度国家自然科学奖二等奖;"空间高性能紫外/真空紫外光谱探测技术及应用"项目获得 2019 年度国家科学技术进步奖二等奖。2019 年东北地区共获得 20 项激光领域省级奖励,其中:"高功率固体激光焊接关键成套技术装备及应用"项目获得 2019 年度黑龙江省科学技术进步奖二等奖;"激光数字掩模印刷电路板图形转移系统"项目获得 2019 年度吉林省科学技术进步奖二等奖。

2019 年华中地区共获得 3 项光电领域国家科学技术奖。其中,"中厚板及难焊材料激光焊接与复杂曲面曲线激光切割技术及装备"项目获得 2019 年度国家科学技术进步奖二等奖。2019 年华中地区共获得 16 项激光领域省级奖励,其中:"高光束质量万瓦光纤激光器核心技术及其产业化"项目获得 2019 年度湖北省科学技术进步奖特等奖;"光电材料超精密加工技术及装备"项目获得 2019 年度湖南省科学技术进步奖一等奖。

与上述区域相比,华南地区、西南地区、西北地区 2019 年激光领域获奖成果较少,均在 10 项及以下。其中:华南地区"可配置自适应 $N×M$ 阵列三维激光雷达(LiDAR)关键技术及装备"项目获得 2019 年度广西壮族自治区科学技术奖技术发明类一等奖;"异种金属激光微焊接关键技术及产业化"项目获得 2019 年度广东省科学技术进步奖二等奖;"激光微创外科新方法新设备关键技术的系列研究"项目获得 2019 年度海南省科学技术进步奖一等奖;西南地区"复杂曲面物体激光点云 3D 建模关键技术研究"项目获得 2019 年度贵州省自然科学奖三等奖。

2. 期刊论文数

从统计的 EI 及 CNKI 期刊论文总数来看:华北地区 2019 年共发表期刊论文 2157 篇,排名第一;华东地区发表 1821 篇,排名第二;东北地区发表 888 篇,排名第三,具体情况见表 6.19。

表 6.19 各地区期刊论文数得分排名(2019 年)

地区	排名	得分	期刊论文数/篇
华东地区	2	0.00849	1821
华南地区	7	0.00096	205
华中地区	4	0.00264	566
华北地区	1	0.01005	2157
东北地区	3	0.00414	888
西南地区	6	0.00201	432
西北地区	5	0.00213	458

2019 年华北地区在 EI 上发表的激光领域期刊论文数为 1578 篇,主要的发文机构包括中国科学院大学、山西省极端光学协同创新中心、量子光学与光量子器件国家重点实

验室、北京工业大学激光工程研究院、北京凝聚态物理国家实验室、北京应用物理与计算数学研究所、北京理工大学光电学院、南开大学现代光学研究所、清华大学机械工程系、中国科学院大学物理科学学院、中国科学院大学材料科学与光电技术学院等。2019 年华北地区在 CNKI 上发表的激光领域期刊论文数为 579 篇，主要来自北京，发文占比高达 65.46%，具体情况如图 6.13 所示。

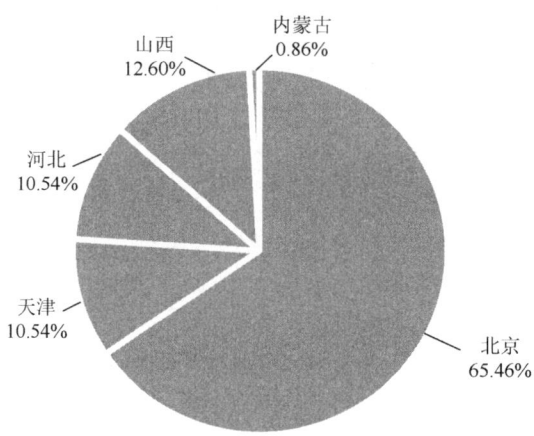

图 6.13　2019 年华北地区各省市区激光领域 CNKI 期刊论文数占比

华东地区在 CNKI 上发表激光领域期刊论文的主要机构包括中国科学技术大学、强场激光物理国家重点实验室、江苏大学机械工程学院、精密光谱科学与技术国家重点实验室、江苏省先进激光材料与器件重点实验室、中国科学院上海光学精密机械研究所高功率激光材料重点实验室、脉冲功率激光技术国家重点实验室、上海工程技术大学材料工程学院、上海交通大学 IFSA 协同创新中心、中国科学院光电材料化学与物理重点实验室等。2019 年华东地区在 CNKI 上发表的激光领域期刊论文数为 643 篇，主要来自上海、江苏等地，具体情况如图 6.14 所示。

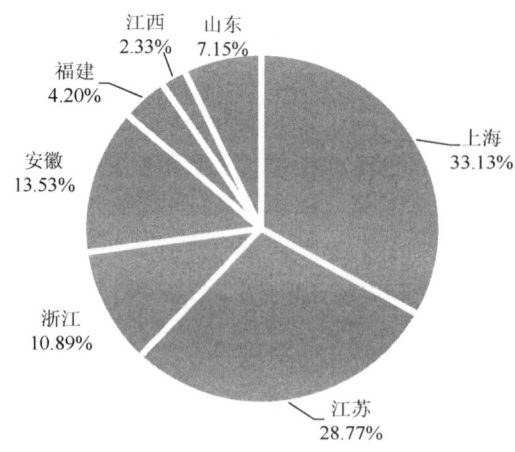

图 6.14　2019 年华东地区各省市激光领域 CNKI 期刊论文数占比

2019 年东北地区在 EI 上发表的激光领域期刊论文数为 554 篇，主要的发文机构包括中国科学院长春光学精密机械与物理研究所、先进焊接与连接国家重点实验室、哈尔滨工业大学可调谐（气体）激光技术重点实验室、吉林大学原子与分子物理研究所、集成光电子学国家重点实验室吉林大学实验区、哈尔滨工业大学机电工程学院、长春大学理学院、哈尔滨工业大学物理学院、中国科学院沈阳自动化研究所等。2019 年东北地区在 CNKI 上发表的激光领域期刊论文数为 334 篇，其中吉林、黑龙江、辽宁的发文量分别为 177 篇、90 篇、67 篇。

2019 年华中地区、西北地区、西南地区、华南地区发表激光领域期刊论文数分别为 566 篇、458 篇、432 篇、205 篇，位列该项指标排名的第四位到第七位。

3. 激光专利授权量

从激光专利授权量来看：华东地区位列第一，2019 年激光专利授权量为 11003 件；第二位为华南地区，2019 年激光专利授权量为 5385 件；华北地区排名第三，2019 年激光专利授权量为 3053 件。华中地区、东北地区、西南地区、西北地区位列第四位到第七位，具体情况见表 6.20。

表 6.20 各地区激光专利授权量得分排名（2019 年）

地区	排名	得分	激光专利授权量/件
华东地区	1	0.06978	11003
华南地区	2	0.03415	5385
华中地区	4	0.01716	2706
华北地区	3	0.01936	3053
东北地区	5	0.01157	1824
西南地区	6	0.00918	1448
西北地区	7	0.00564	889

2019 年华东地区激光专利授权量最多的省市是江苏，其次是浙江、山东、上海，而后是安徽、福建、江西。其中，江苏 2019 年被授权专利在 50 件及以上的机构包括江苏大学、南京理工大学、南京航空航天大学、江苏国源激光智能装备制造有限公司、苏州大学。

2019 年华南地区激光专利授权量最多的省市是广东，占整个地区授权总量的比例为 95.86%，其次是广西，最后是海南。其中，广东 2019 年激光专利授权量第一的机构是大族激光，授权量为 347 件，其他机构的授权量均在 100 件以下。

2019 年华北地区激光专利授权量最多的省市是北京，占整个地区授权总量的比例为 60.22%，其次是天津、河北、山西，最后是内蒙古。其中，北京 2019 年被授权专利在 50 件及以上的机构包括清华大学、北京工业大学、中国科学院半导体研究所、北京航空航天大学。

华中地区、东北地区、西南地区、西北地区 2019 年激光专利授权量最多的省市分别是湖北、辽宁、四川、陕西,四个省 2019 年激光专利授权量最多的机构分别为华中科技大学、大连理工大学、中国工程物理研究院激光聚变研究中心、西安交通大学。

知识产出可以体现产业链上中下游主体创造及分享知识的成果,华东地区、华南地区、华北地区的知识产出得分排名前三,也体现出这些地区产业链上中下游的知识创新能力更突出。

6.4 产业关联及结构

从产业关联及结构的二级指标来看(表 6.21),产业聚集程度得分差异不大,排名第一的是华南地区,华中地区排名第二,西南地区排名第三,随后依次为东北地区、华东地区、西北地区和华北地区。产业链结构得分可以划分为两个梯队,两个梯队差距明显:第一梯队主要包括华东地区、西北地区和东北地区,得分在 0.02 以上;第二梯队主要包括华北地区、华中地区、华南地区和西南地区,得分在 0.02 以下。具体情况如图 6.15 所示。

表 6.21 产业关联及结构地区排名

地区	产业聚集程度		产业链结构	
	得分	排名	得分	排名
华东地区	0.01275	5	0.02503	1
华南地区	0.02914	1	0.01107	6
华中地区	0.02629	2	0.01133	5
华北地区	0.00656	7	0.01281	4
东北地区	0.01637	4	0.02062	3
西南地区	0.01762	3	0.00947	7
西北地区	0.01253	6	0.02421	2

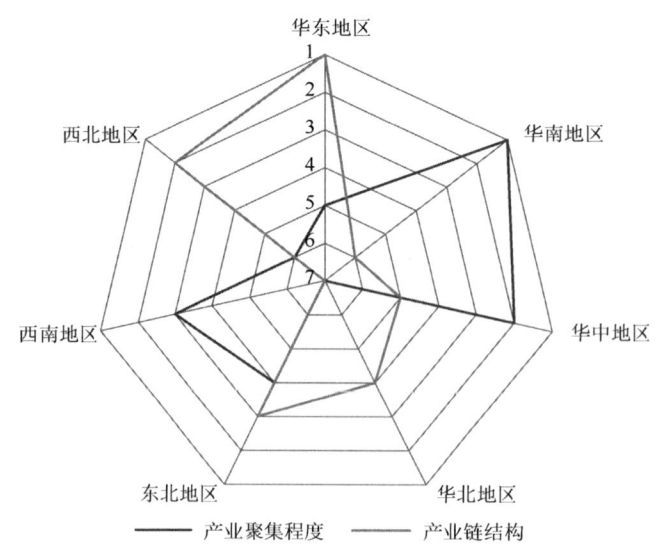

图 6.15 各地区产业关联及结构排名雷达图

6.4.1 产业聚集程度

产业聚集程度下设有行业集中度和区位熵两个三级指标。

1. 行业集中度

从各地区行业集中度得分排名（表 6.22）来看，华中地区排名第一，2019 年激光行业集中度 71.59%。华中地区拥有激光企业数百家，骨干企业实力突出。2019 年华工科技、利达光电、锐科激光营业收入均超过 20 亿元，其中华工科技年营业收入达到 54.60 亿元，3 家企业的营业收入合计占华中地区激光总产值的比例超过 60%，行业整体集聚明显，中小企业市场份额较小。具体情况如图 6.16 所示。

表 6.22 各地区行业集中度得分排名

地区	排名	得分	行业集中度/%
华东地区	6	0.00918	37.91
华南地区	4	0.01129	46.62
华中地区	1	0.01733	71.59
华北地区	7	0.00134	5.53
东北地区	3	0.01246	51.45
西南地区	2	0.01468	60.62
西北地区	5	0.00994	41.05

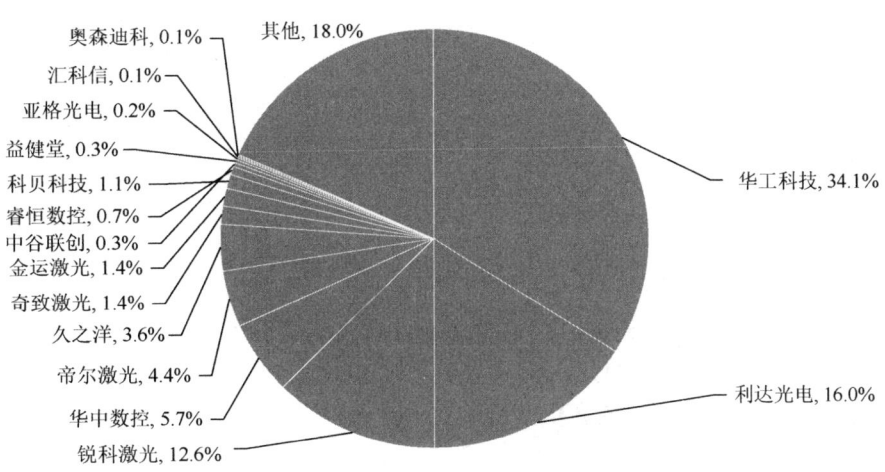

图 6.16 2019 年华中地区激光上市企业营业收入占华中地区激光总产值的比例

行业集中度排名第二位的是西南地区，2019 年激光行业集中度 60.62%。西南地区上市激光企业数量不多，但营业规模较大，2019 年营业收入排名第一的是极米科技。极米科技是一家专注于智能投影和激光电视领域，集设计、研发、制造、销售和服务于一体的高科技公司。2019 年极米科技营业收入 21.16 亿元，占西南地区激光产业总产值的比例超过 50%，为西南地区激光行业的龙头企业。

行业集中度排名第三位的是东北地区，2019 年激光行业集中度 51.45%。东北地区 2019 年激光产值约 22 亿元，仅奥普光电和奥瑞德两家企业营业收入占东北地区激光总产值的比例就超过 50%，区域内行业集中度较高。

行业集中度排名第四位到第六位的分别是华南地区、西北地区和华东地区，2019 年激光行业集中度依次为 46.62%、41.05% 和 37.91%。华北地区存在大量的中小型激光企业，企业之间竞争激烈，产业相对分散，整体集中度较低，行业集中度为 5.53%，排名第七。

2. 区位熵

从各地区区位熵得分排名（表 6.23）来看，华南地区得分显著高于其他地区，排名第一，2019 年区位熵为 3.01。区位熵得分排名第二的是华中地区，2019 年区位熵为 1.51。区位熵得分排名第三的是华北地区，2019 年区位熵为 0.88。区位熵得分排名第四位到第七位的分别是东北地区、华东地区、西南地区、西北地区，2019 年四个地区的区位熵依次为 0.66、0.60、0.50、0.44。

表 6.23 各地区区位熵得分排名

地区	排名	得分	区位熵
华东地区	5	0.00357	0.60
华南地区	1	0.01786	3.01
华中地区	2	0.00896	1.51
华北地区	3	0.00522	0.88
东北地区	4	0.00392	0.66
西南地区	6	0.00295	0.50
西北地区	7	0.00260	0.44

我国激光产业呈现出很强的地域集聚性，目前已经形成了珠三角、华中、长三角、环渤海四大激光产业带，特别是以武汉"中国光谷"为代表的华中区域在中高功率激光方面具有优势，而以大族激光作为领衔的珠三角区域则是国内激光产业的另一极，拥有很高的市场份额。从区位熵来看，华南地区和华中地区均大于 1，也反映出两地区在我国激光产业的特殊地位。

产业集聚程度以行业集中度和区位熵得分衡量，得分排名前三的是华南地区、华中地区和西南地区。西南地区激光企业虽然不多，但龙头企业规模较大，得以进入行业集中度排名的前列。相反地，华北地区存在大量的中小型激光企业，虽然产业链条相对完整，但整体行业集中度较低。

6.4.2 产业链结构

产业链结构下设上游激光企业数量（年营业收入 2000 万元以上企业，含非上市）占比、中游激光企业数量占比、下游激光企业数量占比、上游激光相关上市企业营业收入占比、中游激光相关上市企业营业收入占比、下游激光相关上市企业营业收入占比六个三级指标。

1. 上游激光企业数量占比

上游激光企业数量占比得分排名并列第一的是东北地区和西南地区，2019 年两个区域上游激光企业数量占比均为 33.33%。东北地区拥有亚洲最大的蓝宝石晶体材料研发与制造中心——哈尔滨奥瑞德兴电技术有限公司，西南地区则拥有亚洲最大规模的 YAG 晶体生产制造供应商——东骏激光股份有限公司。

上游激光企业数量占比得分排名第二的是华东地区，2019 年上游激光企业数量占比为 23.08%。上游激光企业数量占比得分排名第三的是华北地区，2019 年上游激光企业数量占比为 18.18%。

上游激光企业数量占比得分排名第四位和第五位的分别是华南地区和华中地区，2019 年上游激光企业数量占比依次为 12.96%、11.11%；西北地区上游激光企业数量占比得分排名第六位。具体情况见表 6.24。

表 6.24 各地区上游激光企业数量占比得分排名

地区	排名	得分	占比/%
华东地区	2	0.00215	23.08
华南地区	4	0.00121	12.96
华中地区	5	0.00104	11.11
华北地区	3	0.00169	18.18
东北地区	1	0.00311	33.33
西南地区	1	0.00311	33.33
西北地区	6	0.00000	0.00

2. 中游激光企业数量占比

中游激光企业数量占比得分排名第一的是西北地区，2019 年中游激光企业数量占比为 66.67%。西北地区中游激光企业以半导体激光器为主营业务，其中西安炬光科技股份有限公司已发展成为国内实力最强的高功率半导体激光器品牌，被中国光学学会激光加工专业委员会授予"高功率半导体激光器产业先驱"称号[①]。

中游激光企业数量占比得分排名第二的是东北地区，2019 年中游激光企业数量占比

---

① 资料来源：MEMS https://www.sohu.com/a/436345366_256868. [2022-05-09].

为 33.33%。东北地区中游激光企业主要有长春新产业光电技术有限公司和吉林省长光瑞思激光技术有限公司，两家企业均依托中国科学院长春光学精密机械与物理研究所设立，承担着半导体激光技术的研发及成果的转化等任务。

中游激光企业数量占比得分排名第三的是华北地区，2019 年中游激光企业数量占比 31.82%。华北地区的中游激光企业主要包括北京国科世纪激光技术有限公司（以下简称国科世纪）、北京杏林睿光科技有限公司（以下简称杏林睿光）和北京凯普林光电科技股份有限公司（以下简称凯普林）等。国科世纪主要生产半导体泵浦激光器和固体激光器；杏林睿光是专业特种半导体激光器制造商；凯普林主营业务包括激光器模块、激光器系统等。

中游激光企业数量占比得分排名第四位到第六位的分别是华南地区、华东地区和华中地区，2019 年中游激光企业数量占比依次为 20.37%、14.10% 和 13.89%；西南地区激光中游企业数量占比得分排名第七位。具体情况见表 6.25。

表 6.25　各地区中游激光企业数量占比得分排名

地区	排名	得分	占比/%
华东地区	5	0.00092	14.10
华南地区	4	0.00133	20.37
华中地区	6	0.00091	13.89
华北地区	3	0.00208	31.82
东北地区	2	0.00218	33.33
西南地区	7	0.00000	0.00
西北地区	1	0.00438	66.67

3. 下游激光企业数量占比

下游激光企业数量占比得分排名第一的是华中地区，2019 年下游激光企业数量占比为 75.00%。华中地区下游覆盖增材制造、激光加工、激光测量、激光医疗等领域，主要企业包括湖南华曙高科技股份有限公司、华工科技产业股份有限公司、武汉华中数控股份有限公司、湖北久之洋红外系统股份有限公司、武汉奇致激光技术股份有限公司、武汉亚格光电技术股份有限公司、利达光电股份有限公司、武汉逸飞激光股份有限公司等。

下游激光企业数量占比得分排名第二位和第三位的是西南地区和华南地区，两个地区激光企业数量差异巨大，但下游激光企业数量占比均为 66.67%。华南地区下游激光企业以大族激光科技产业集团股份有限公司、深圳市迪威迅股份有限公司、深圳光韵达光电科技股份有限公司和深圳市联赢激光股份有限公司为代表。西南地区下游激光企业主要是成都极米科技股份有限公司和重庆京渝激光技术有限公司。

下游激光企业数量占比得分排名第四位到第七位的分别是华东地区、华北地区、东北地区和西北地区，2019 年下游激光企业数量占比依次为 60.26%、50.00%、33.33% 和 33.33%。具体情况见表 6.26。

表 6.26 各地区下游激光企业数量占比得分排名

地区	排名	得分	占比/%
华东地区	4	0.00190	60.26
华南地区	3	0.00210	66.67
华中地区	1	0.00237	75.00
华北地区	5	0.00158	50.00
东北地区	6	0.00105	33.33
西南地区	2	0.00212	66.67
西北地区	7	0.00104	33.33

4. 上游激光相关上市企业营业收入占比

上游激光相关上市企业营业收入占比得分可以分为三个等级，第一等级上游激光相关上市企业营业收入占比大于 20%，第二等级上游激光相关上市企业营业收入占比介于 1%和 20%之间，第三等级上游激光相关上市企业营业收入占比小于 1%。

上游激光相关上市企业营业收入占比得分第一等级包括华东地区和东北地区。华东地区排名第一，2019 年华东地区上游激光相关上市企业营业收入合计约 56.12 亿元，占地区激光相关上市企业营业总收入的比例约 42.74%。东北地区排名第二，2019 年东北地区上游激光相关上市企业营业收入合计约 11.32 亿元，占地区激光相关上市企业营业总收入的比例约 29.19%。

上游激光相关上市企业营业收入占比得分第二等级包括华北地区和西南地区。华北地区排名第三，2019 年华北地区上游激光相关上市企业营业收入合计约 0.49 亿元，占地区激光相关上市企业营业总收入的比例约 8.48%。西南地区排名第四，2019 年西南地区上游激光相关上市企业营业收入合计约 1.27 亿元，占地区激光相关上市企业营业总收入的比例约 5.64%。

上游激光相关上市企业营业收入占比得分第三等级包括华中地区、华南地区和西北地区。华中地区排名第五。2019 年华中地区上游激光相关上市企业营业收入合计约 0.18 亿元，占地区激光相关上市企业营业总收入的比例约 0.14%。华南地区和西北地区上游激光企业营业收入占比统计数得分排名并列第六位。具体情况见表 6.27。

表 6.27 各地区上游激光相关上市企业营业收入占比得分排名（2019 年）

地区	排名	得分	占比/%
华东地区	1	0.01900	42.74
华南地区	6	0.00000	0.00
华中地区	5	0.00006	0.14
华北地区	3	0.00377	8.48
东北地区	2	0.01298	29.19
西南地区	4	0.00251	5.64
西北地区	6	0.00000	0.00

5. 中游激光相关上市企业营业收入占比

中游激光相关上市企业营业收入占比得分也可以分为三个等级，第一等级中游激光相关上市企业营业收入占比大于 50%，第二等级中游激光相关上市企业营业收入占比介于 1%和 50%之间，第三等级中游激光相关上市企业营业收入占比小于 1%。

中游激光相关上市企业营业收入占比得分第一等级主要包括排名第一的西北地区。2019 年西北地区中游激光相关上市企业营业收入合计约 3.35 亿元，占地区激光相关上市企业营业总收入的比例约 51.01%。

中游激光相关上市企业营业收入占比得分第二等级包括华中地区、华南地区和华北地区。华中地区排名第二，2019 年华中地区中游激光相关上市企业营业收入合计约 20.10 亿元，占地区激光相关上市企业营业总收入的比例约 15.37%。华南地区排名第三，2019 年华南地区中游激光相关上市企业营业收入合计约 23.70 亿元，占地区激光相关上市企业营业总收入的比例约 13.77%。华北地区排名第四，2019 年华北地区中游激光相关上市企业营业收入合计约 0.35 亿元，占地区激光相关上市企业营业总收入的比例约 6.02%。

中游激光相关上市企业营业收入占比得分第三等级包括华东地区、东北地区和西南地区，三个地区 2019 年中游激光企业营业收入占比得分排名并列第五。具体情况见表 6.28。

表 6.28　各地区中游激光相关上市企业营业收入占比得分排名（2019 年）

地区	排名	得分	占比/%
华东地区	5	0.00000	0.00
华南地区	3	0.00483	13.77
华中地区	2	0.00539	15.37
华北地区	4	0.00211	6.02
东北地区	5	0.00000	0.00
西南地区	5	0.00000	0.00
西北地区	1	0.01788	51.01

6. 下游激光相关上市企业营业收入占比

下游激光相关上市企业营业收入占比得分差距不大，排名第一的是西南地区。2019 年西南地区下游激光相关上市企业营业收入合计约 21.16 亿元，占地区激光相关上市企业营业总收入的比例约 94.36%。

下游激光相关上市企业营业收入占比得分排名第二的是华南地区。2019 年华南地区下游激光相关上市企业营业收入合计约 148.45 亿元，占地区激光相关上市企业营业总收入的比例约 86.23%。

下游激光相关上市企业营业收入占比得分排名第三的是华北地区。2019 年华北地区下游激光相关上市企业营业收入合计约 4.9 亿元，占地区激光相关上市企业营业总收入的比例约 85.50%。

下游激光相关上市企业营业收入占比得分排名第四位到第七位的分别是华中地区、东北地区、华东地区和西北地区。2019年各地区下游激光相关上市企业营业收入依次为110.50亿元、27.45亿元、75.20亿元和3.22亿元，占地区激光相关上市企业营业总收入的比例分别为84.49%、70.81%、57.26%和48.99%。具体情况见表6.29。

表6.29 各地区下游激光相关上市企业营业收入占比得分排名（2019年）

地区	排名	得分	占比/%
华东地区	6	0.00106	57.26
华南地区	2	0.00160	86.23
华中地区	4	0.00156	84.49
华北地区	3	0.00158	85.50
东北地区	5	0.00131	70.81
西南地区	1	0.00175	94.36
西北地区	7	0.00091	48.99

在产业链结构得分综合排名上，西北地区超越华南地区、华中地区、华北地区、东北地区和西南地区，排名第二，华南地区则跌落至第六位。

激光产业链上游主要为激光材料及配套元器件，中游为各种激光器及其配套设备，下游主要为相关设备及应用。相对而言，产业中、上游的直接制造环节对产业链创新具有更高的贡献度，因而被赋予了较高的权重。华南地区统计在内的激光企业共55家，其中下游企业占比超过67%。西北地区统计了3家企业，其中两家为激光器生产企业。因而在产业链结构得分上，西北地区得分优越，而华南地区排名靠后。

6.5 科技转化平台

从科技转化平台的二级指标来看（表6.30），科技成果转化得分差距明显：第一梯队主要包括华南地区、华东地区和华中地区，得分在0.01以上；第二梯队主要包括华北地区、东北地区、西南地区和西北地区，得分在0.01以下。科技中介机构得分排名第一的是华东地区，华中地区排名第二，华南地区排名第三，随后依次为东北地区、西南地区、华北地区和西北地区。具体情况如图6.17所示。

表6.30 科技转化平台得分排名

地区	科技成果转化		科技中介机构	
	得分	排名	得分	排名
华东地区	0.01979	2	0.03044	1
华南地区	0.02612	1	0.01493	3
华中地区	0.01123	3	0.02000	2

续表

地区	科技成果转化		科技中介机构	
	得分	排名	得分	排名
华北地区	0.00467	4	0.00684	6
东北地区	0.00368	5	0.01148	4
西南地区	0.00246	6	0.00841	5
西北地区	0.00120	7	0.00273	7

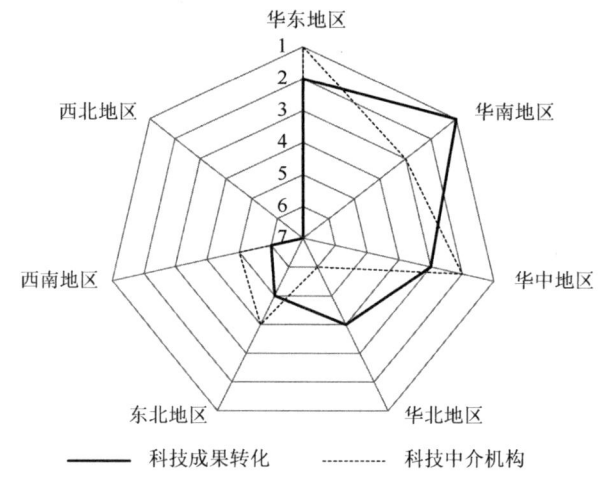

图 6.17 各地区科技转化平台排名雷达图

6.5.1 科技成果转化

科技成果转化下设激光相关的工程研究技术中心、工程技术中心，激光相关的产业技术研究院和激光相关的校企合作情况三个三级指标。

1. 激光相关的工程技术研究中心、工程技术中心

从各地区激光相关的工程技术研究中心、工程技术中心得分排名（表6.31）来看，华南地区排名第一。2019年华南地区统计的工程技术研究中心、工程技术中心共53个，包括广东省超高精度激光加工掩膜版工程技术研究中心、广东省光纤激光切割机工程技术研究中心、广东省智能激光加工工艺工程技术研究中心等。

表 6.31 各地区激光相关的工程技术研究中心、工程技术中心得分排名（2019 年）

地区	排名	得分	激光相关的工程技术研究中心、工程技术中心/个
华东地区	3	0.00438	15
华南地区	1	0.01547	53
华中地区	2	0.00555	19

续表

地区	排名	得分	激光相关的工程技术研究中心、工程技术中心/个
华北地区	4	0.00204	7
东北地区	5	0.00117	4
西南地区	6	0.00088	3
西北地区	6	0.00088	3

各地区激光相关的工程技术研究中心、工程技术中心得分排名第二位的是华中地区。2019 年华中地区统计的工程技术研究中心、工程技术中心共 19 个，包括新型光电材料与器件湖北省工程研究中心、湖北省光电与新能源材料工程技术研究中心、湖北省光电信息功能材料工程技术研究中心、湖北省能源光电器件与系统工程技术研究中心、湖北省光电子器件制造工程技术研究中心、湖北省高功率工业激光器工程技术研究中心、湖北省激光应用工程技术研究中心、湖北省超快激光器及激光精密微纳加工工程技术研究中心等。

各地区激光相关的工程技术研究中心、工程技术中心得分排名第三位的是华东地区。2019 年华东地区统计的工程技术研究中心、工程技术中心共 15 个，包括福建省激光精密加工工程技术研究中心、福建省激光技术集成与应用工程技术研究中心、浙江工业大学激光加工技术工程研究中心、福建省光电传感应用工程技术研究中心、浙江大学昆山研究院激光研究中心、清华大学无锡应用技术研究院激光与光子技术研究中心、山东省光纤传感与光电信息工程技术研究中心等。

各地区激光相关的工程技术研究中心、工程技术中心得分排名第四位到第五位的是华北地区和东北地区，西南地区和西北地区并列第六位。2019 年四个地区统计的工程技术研究中心、工程技术中心分别为 7 个、4 个、3 个和 3 个，包括河北工业大学先进激光技术研究中心、辽宁省光电测控工程技术研究中心、四川省光纤光缆工程技术研究中心、陕西省全固态激光及应用工程技术研究中心等。

2. 激光相关的产业技术研究院

从各地区激光相关的产业技术研究院得分排名（表 6.32）来看，华南地区排名第一。2019 年华南地区统计的激光相关的产业技术研究院共 24 个，包括肇庆市华师大光电产业研究院、广东省新兴激光等离子体技术研究院、北京大学东莞光电研究院、华星光电 AMOLED 技术研究院、深圳市国华光电研究院、江门市先进激光技术研究院、江门市智能激光技术研究院、深圳市智造激光技术研究院、深圳市精益激光技术研究院等。

表 6.32 各地区激光相关的产业技术研究院得分排名（2019 年）

地区	排名	得分	激光相关的产业技术研究院/个
华东地区	2	0.00426	13
华南地区	1	0.00787	24
华中地区	4	0.00197	6

续表

地区	排名	得分	激光相关的产业技术研究院/个
华北地区	3	0.00262	8
东北地区	5	0.00066	2
西南地区	5	0.00066	2
西北地区	6	0.00033	1

各地区激光相关的产业技术研究院得分排名第二位的是华东地区。2019年华东地区统计的激光相关的产业技术研究院共13个，包括温州大学激光与光电智能制造研究院、大族粤铭激光集团上海研究院、北大-温州激光与光电子联合研发中心、南京先进激光技术研究院、南京和光智能制造研究院、南京萃智激光应用技术研究院、济南先进激光研究院、青岛市光电工程技术研究院等。

各地区激光相关的产业技术研究院得分排名第三位的是华北地区。2019年华北地区统计的激光相关的产业技术研究院共8个，包括北京工业大学激光工程研究院、北京大学长三角光电科学研究院、河北省瑞兆激光机电设备再制造产业技术研究院、中国科学院空天信息创新研究院、北京邮电大学信息光子学与光通信研究院、天津工业大学光电技术研究院、中国电子科技集团公司光电研究院等。

各地区激光相关的产业技术研究院得分排名第四位的是华中地区，东北地区和西南地区并列第五位，西北地区排名第六，这四个地区2019年统计的激光相关的产业技术研究院分别为6个、2个、2个和1个，包括濮阳光电产业技术研究院、东北大学（鞍山）激光应用技术研究院、成都先进光电产业技术研究院、陕西光电子集成电路先导技术研究院等。

3. 激光相关的校企合作情况

从各地区激光相关的校企合作情况得分排名（表6.33）来看，华东地区排名第一。2019年华东地区统计的激光相关的校企合作共12条，合作院校包括福州理工学院、厦门理工学院、温州大学、哈尔滨理工大学（荣成校区）等，合作企业包括杰讯光电（福建）有限公司、京东方光电科技有限公司、厦门市三安集成电路有限公司、厦门佰明光电股份有限公司等。

表6.33 各地区校企合作情况得分排名（2019年）

地区	排名	得分	激光相关的校企合作情况/条
华东地区	1	0.01115	12
华南地区	3	0.00279	3
华中地区	2	0.00372	4
华北地区	6	0.00000	0
东北地区	4	0.00186	2
西南地区	5	0.00093	1
西北地区	6	0.00000	0

各地区激光相关的校企合作情况得分排名第二位的是华中地区。2019 年华中地区统计的激光相关的校企合作共 4 条，合作院校包括华中科技大学、中国人民解放军国防科技大学、湖南大学等，合作企业包括华工科技、大族激光、湖南华南光电（集团）有限责任公司、武汉安扬激光等。

各地区激光相关的校企合作情况得分排名第三位的是华南地区。2019 年华南地区统计的激光相关的校企合作共 3 条，合作院校包括粤台产业科技学院、东莞理工学院和深圳技术大学，合作企业包括东莞市吉洋自动化科技有限公司、广东长盈精密技术有限公司和大族激光等。

各地区激光相关的校企合作情况得分排名第四位和第五位的是东北地区和西南地区，2019 年统计的激光相关的校企合作分别为 2 条和 1 条。2019 年华北地区和西北地区激光相关的校企合作情况得分排名并列第六位。

在科技成果转化得分上，华南地区优势明显，共有激光相关的工程技术研究中心、工程技术中心 53 个，激光相关的产业技术研究院 24 个，两项指标占全国总数的一半有余。华南地区激光产业以应用为驱动，科研力量虽然还不如华东地区和华中地区，但在研究院所设置方面远远超出其他地区。在校企合作方面，华东地区排名第一。华东地区以"华东五校"领衔，拥有"985 工程"高校共 11 所，在校企合作方面优势明显。

6.5.2 科技中介机构

科技中介机构下设激光相关的联盟、激光相关的协会、激光相关的学会、激光相关的国家级孵化器及激光相关的省市级孵化器五个三级指标。

1. 激光相关的联盟

从各地区激光相关的联盟得分排名（表 6.34）来看，华东地区和华中地区并列第一，截至 2019 年 12 月 31 日，两地区统计的激光相关的联盟均为 10 个。

表 6.34 各地区激光相关的联盟得分排名（2019 年）

地区	排名	得分	激光相关的联盟/个
华东地区	1	0.00507	10
华南地区	3	0.00152	3
华中地区	1	0.00507	10
华北地区	2	0.00253	5
东北地区	4	0.00101	2
西南地区	4	0.00101	2
西北地区	5	0.00051	1

华东地区激光相关的联盟主要包括福建省光电应用产业技术创新战略联盟、浙江省激光与光电产业联盟、上海市光电子行业协会 OLED 产业联盟、山东省激光产业技术创

新联盟、南昌高新区光电产业联盟、江苏省激光产业技术创新战略联盟、安徽省光伏发电产业技术创新战略联盟等。其中，浙江省激光与光电产业联盟为 2019 年新设联盟，于 2019 年 10 月 27 日正式落户温州市龙湾区，22 个涉及激光光电与智能制造等相关领域的项目进行现场集中签约。

华中地区激光相关的联盟主要包括武汉·中国光谷激光加工产业技术创新战略联盟、湖北省激光装备制造产业联盟、苏楚激光产业联盟、国家级激光产业技术创新联盟、粤楚激光产业联盟、湖北激光加工产业技术创新战略联盟、河南省光电信息产业技术创新战略联盟等。其中，苏楚激光产业联盟为 2019 年新设联盟，成立于 2019 年 5 月 31 日，由江苏省激光产业技术创新战略联盟与湖北省激光行业协会共同发起成立，江苏省激光产业技术创新战略联盟张家港激光装备产业园也作为合作协议中的重要承载载体，促进产业高速发展①。

各地区激光相关的联盟得分排名第二位是华北地区，截至 2019 年 12 月 31 日，统计的激光相关的联盟为 5 个，分别是中关村光电显示产业创新联盟、中国光电网产业创新联盟、河北省光电网产业创新联盟、中国光伏产业联盟、山西省半导体产业联盟。

各地区激光相关的联盟得分排名第三位是华南地区，截至 2019 年 12 月 31 日，统计的激光相关的联盟为 3 个，分别是广东省光电医疗产业技术创新联盟、广东省紫外半导体光电产业技术创新联盟、广东激光产业技术创新联盟。

各地区激光相关的联盟得分排名第四位是东北地区和西南地区，西北地区排名第五位。截至 2019 年 12 月 31 日，东北地区和西南地区统计的激光相关的联盟均为 2 个，西北地区统计的激光相关的联盟为 1 个。

2. 激光相关的协会

从各地区激光相关的协会得分排名（表 6.35）来看，华南地区排名第一，截至 2019 年 12 月 31 日，统计的激光相关的协会为 11 个，包括广东省激光行业协会、深圳市激光智能制造行业协会、广东省光电技术协会、广东省光电照明协会、东莞市光电通讯行业协会、江门国家高新区光电行业协会、深圳市光学光电子行业协会、中山市光电产业协会等。其中，广东省激光行业协会在广东省民政厅开展的 2019 年度全省性社会组织评估工作中被评为 3A 级协会。

表 6.35 各地区激光相关的协会得分排名（2019 年）

地区	排名	得分	激光相关的协会/个
华东地区	2	0.00391	8
华南地区	1	0.00537	11
华中地区	4	0.00147	3
华北地区	3	0.00244	5
东北地区	4	0.00147	3

① 资料来源：光电汇 http://www.oeshow.cn/informationdetail/10226. [2022-05-09].

续表

地区	排名	得分	激光相关的协会/个
西南地区	5	0.00000	0
西北地区	5	0.00000	0

各地区激光相关的协会得分排名第二位的是华东地区，截至2019年12月31日，统计的激光相关的协会为8个，包括福建省光电行业协会、上海市光电子行业协会、福州市光电行业协会、温州市激光行业协会、无锡电子工业协会等。其中，福州市光电行业协会为2019年新设协会，协会于2019年9月19日正式成立，旨在进一步培育发展壮大具有自主知识产权的光电企业，加强政府与企业的桥梁纽带作用，促进福州光电产业高质量发展[①]。

各地区激光相关的协会得分排名第三位的是华北地区，截至2019年12月31日，统计的激光相关的协会为5个，包括中国通信工业协会、长治市光电产业协会、河北省光电网学会、北京大学光电信息协会、中关村光电产业协会。

各地区激光相关的协会得分排名第四位的是华中地区和东北地区，截至2019年12月31日，两地区统计的激光相关的协会均为3个。西北地区和西南地区激光相关的协会统计数相同，并列第五位。

3. 激光相关的学会

从各地区激光相关的学会得分排名（表6.36）来看，华东地区排名第一，截至2019年12月31日，统计的激光相关的学会为10个，包括浙江省光学学会、江苏省光学学会、安徽省光学学会、上海市激光学会、厦门市电子学会、江苏省激光学会、苏州市激光与光学工程学会、山东激光学会、山东省光学工程学会等。

表6.36 各地区激光相关的学会得分排名（2019年）

地区	排名	得分	激光相关的学会/个
华东地区	1	0.00621	10
华南地区	6	0.00000	0
华中地区	2	0.00248	4
华北地区	3	0.00186	3
东北地区	4	0.00124	2
西南地区	4	0.00124	2
西北地区	5	0.00062	1

各地区激光相关的学会计数得分排名第二位的是华中地区，截至2019年12月31日，

---

① 资料来源：福州高新技术开发区官网 http://fzgxq.fuzhou.gov.cn/xjwz/zwgk/yqdt/201909/t20190923_3044223.htm. [2022-05-09]。

统计的激光相关的学会为 4 个，包括湖南省激光学会、湖北省激光学会、武汉激光学会、湖北省光学学会。

各地区激光相关的学会计数得分排名第三位的是华北地区，截至 2019 年 12 月 31 日，统计的激光相关的学会为 3 个，包括中国光学学会、河北省光电网学会、山西省光学学会。

各地区激光相关的学会计数得分排名第四位到第六位的分别是东北地区、西南地区、西北地区和华南地区，截至 2019 年 12 月 31 日，统计的激光相关的学会依次为 2 个、2 个和 1 个。华南地区学会得分排名第七位。

4. 激光相关的国家级孵化器

从各地区激光相关的国家级孵化器得分排名（表 6.37）来看，华南地区排名第一，科学技术部火炬高技术产业开发中心公布的 2019 年度国家级科技企业孵化器名单中，华南地区共有 5 家，分别是广州莱迪光电股份有限公司、光大 We 谷、奥特朗科技园孵化器、中山张企科技企业孵化器、燕园孵化器。

表 6.37　各地区激光相关的国家级孵化器得分排名（2019 年）

地区	排名	得分	激光相关的国家级孵化器/家
华东地区	4	0.00161	1
华南地区	1	0.00804	5
华中地区	2	0.00643	4
华北地区	5	0.00000	0
东北地区	3	0.00321	2
西南地区	4	0.00161	1
西北地区	4	0.00161	1

各地区激光相关的国家级孵化器得分排名第二位的是华中地区，科学技术部火炬高技术产业开发中心公布的 2019 年度国家级科技企业孵化器名单中，华中地区共有 4 家，分别是洛阳东大科技产业园装备制造产业孵化器、武汉烽火创新谷、聚方孵化器、武汉 OVU 创客星。

各地区激光相关的国家级孵化器得分排名第三位的是东北地区，科学技术部火炬高技术产业开发中心公布的 2019 年度国家级科技企业孵化器名单中，东北地区共有 2 家，分别是科大讯飞（长春）人工智能专业孵化器和盘锦科技孵化器。

各地区激光相关的国家级孵化器得分排名第四位的是华东地区、西南地区和西北地区，科学技术部火炬高技术产业开发中心公布的 2019 年度国家级科技企业孵化器名单中，三个地区分别统计了 3 家孵化器。华北地区国家级孵化器技术得分排名第五位。

5. 激光相关的省市级孵化器

从各地区激光相关的省市级孵化器得分排名（表 6.38）来看，华东地区排名第一。

2019 年华东地区统计的激光相关的省市级孵化器共 3 家，分别是潍坊光电产业园服务中心、山东鑫达华明光电科技有限公司、山东华泰光源有限公司。

2019 年，华中地区、东北地区和西南地区激光相关的省市级孵化器得分排名并列第二，各地区统计的激光相关的省市级孵化器均为 1 家，分别是武汉凌云光电科技企业孵化器、吉林省光电子产业孵化器和成都成电科技创新服务有限公司。华南地区、华北地区和西北地区激光相关的省市级孵化器得分排名并列第三（2019 年广东省公布的是国际化科技企业孵化器和粤港澳科技企业孵化器未公布省级企业孵化器）。

表 6.38 各地区激光相关的省市级孵化器得分排名（2019 年）

地区	排名	得分	激光相关的省市级孵化器/个
华东地区	1	0.01365	3
华南地区	3	0.00000	0
华中地区	2	0.00455	1
华北地区	3	0.00000	0
东北地区	2	0.00455	1
西南地区	2	0.00455	1
西北地区	3	0.00000	0

科技中介机构得分排名前三位的是华东地区、华中地区和华南地区，三个地区也是国内激光产业的聚集区，对激光产业技术成果的转移转化需求巨大。激光产业科技中介机构活跃于技术需求者与持有者之间，通过沟通大学、科研机构和企业间的技术流动，促进创新体系内各参与主体间的互动，实现技术转移所需各类科技创新资源的优化配置和有效整合，共同推动了激光产业的蓬勃发展。

6.6 创新环境支撑

从创新环境支撑的得分地区排名（表 6.39）来看，政策环境排名第一的是华东地区，华中地区排名第二，华南地区和东北地区并列第三，并列第四位的为华北地区、西南地区、西北地区。文化环境得分差异不大，排名第一的是华东地区，华中地区排名第二，华北地区排名第三，随后依次为西南地区、华南地区、西北地区和东北地区，具体情况如图 6.18 所示。

表 6.39 创新环境支撑得分地区排名

地区	政策环境		文化环境	
	得分	排名	得分	排名
华东地区	0.01541	1	0.00920	1
华南地区	0.00440	3	0.00179	5

续表

地区	政策环境		文化环境	
	得分	排名	得分	排名
华中地区	0.00660	2	0.00759	2
华北地区	0.00220	4	0.00250	3
东北地区	0.00440	3	0.00116	7
西南地区	0.00220	4	0.00206	4
西北地区	0.00220	4	0.00161	6

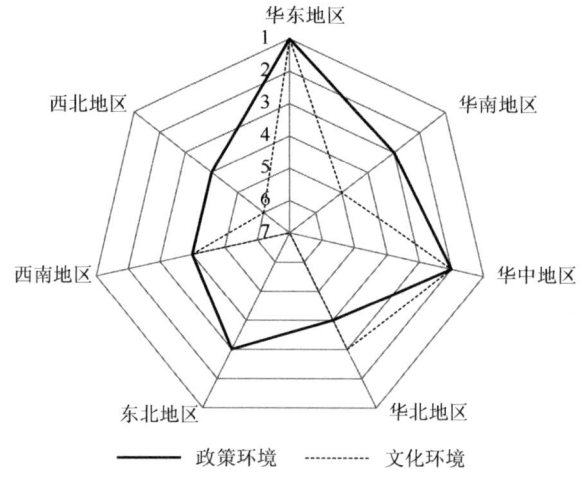

图 6.18 各地区创新环境支撑排名雷达图

6.6.1 政策环境

政策环境下设激光相关的产业政策一个三级指标。

从各地区激光相关的产业政策得分排名（表 6.40）来看，华东地区排名第一，2019 年发布激光相关的产业政策共 7 条。其中包括《山东省人民政府办公厅关于印发山东省装备制造业转型升级实施方案的通知》，提出突破数字化非接触精密测量、在线无损检测、激光跟踪测量仪器等先进技术，在济南市重点发展智能物流、智能检测、3D 打印设备，建设工业 3D 打印机小镇、数控激光设备产业基地。

表 6.40 各地区激光相关的产业政策得分排名（2019 年）

地区	排名	得分	激光相关的产业政策/条
华东地区	1	0.01531	7
华南地区	3	0.00437	2

续表

地区	排名	得分	激光相关的产业政策/条
华中地区	2	0.00656	3
华北地区	4	0.00219	1
东北地区	3	0.00437	2
西南地区	4	0.00219	1
西北地区	4	0.00219	1

各地区激光相关的产业政策得分排名第二的是华中地区,2019年发布激光相关的产业政策共3条,包括湖南省人民政府发布的《湖南省国民经济和社会发展第十三个五年规划纲要》,提出把"加强信息领域科技创新,集中力量突破核心芯片、新型显示、电子元器件等基础产业关键技术"作为培育发展战略性新兴产业,加快产业转型升级的重要内容等。

各地区激光相关的产业政策得分排名并列第三的是华南地区和东北地区,2019年两个地区发布激光相关的产业政策均为2条。华南地区2019年度主要发布了《2019~2020年度广东省重点领域研发计划"激光与增材制造"重大专项申报指南》和《广州市黄埔区、广州开发区促进新型显示产业发展扶持办法》。东北地区2019年度主要发布了《黑龙江省工业强省建设规划(2019—2025年)》等。

各地区激光相关的产业政策得分排名并列第四位的是华北地区、西南地区和西北地区,2019年三个地区发布激光相关的产业政策均为1条。

产业的快速发展离不开政策环境的持续优化,政府部门对激光产业发展投入了较高的关注度。2009年,科技部发布《国家火炬计划优先发展技术领域(2010年)》,首次提出要优先发展新型激光加工设备,2015年将增材制造技术纳入《中国制造2025》,2016年将"加快研制具有自主知识产权的大功率光纤激光器"写入《"十三五"国家科技创新规划》,2020年将"重点支持人工智能、网络协同制造、3D打印和激光制造"写入《加强"从0到1"基础研究工作方案》,对激光产业的政策支持倾斜力度不断加大,对突破激光产业"卡脖子"技术瓶颈寄予厚望[78]。地方政府积极贯彻落实国家激光产业发展政策,结合地区发展实际,纷纷出台激光产业政策,引导我国激光产业向更高端的方向发展。

6.6.2 文化环境

文化环境下设激光相关的创新创业大赛和光电类展会两个三级指标。

1. 激光相关的创新创业大赛

从各地区激光相关的创新创业大赛数量得分排名(表6.41)来看,华东地区排名第一,2019年举办激光相关的创新创业大赛6场,包括福建省第六届大学生光电设计竞赛、2019"智汇温州·创业浙南"激光与光电智能制造全球精英创新创业大赛、第七届全国大学生光电设计竞赛（青岛）、2019"创响中国"安徽省创新创业大赛、山东省第二届大学生光电设计科技创新大赛等。

表 6.41　各地区激光相关的创新创业大赛数量得分排名（2019 年）

地区	排名	得分	激光相关的创新创业大赛/场
华东地区	1	0.00697	6
华南地区	4	0.00000	0
华中地区	2	0.00581	5
华北地区	3	0.00116	1
东北地区	3	0.00116	1
西南地区	3	0.00116	1
西北地区	3	0.00116	1

各地区激光相关的创新创业大赛数量得分排名第二位的是华中地区，2019 年举办激光相关的创新创业大赛 5 场，包括 2019 年湖北大学生创业大赛、第一届华中科技大学研究生创"芯"大赛、2019 中国创新创业大赛技术融合专业赛（激光和光通讯）等。

华北地区、东北地区、西南地区和西北地区在激光相关的创新创业大赛数量得分排名上并列第三位，2019 年举办激光相关的创新创业大赛均为 1 场。华南地区得分排名第四位。

2. 光电类展会

从各地区光电类展会得分排名（表 6.42）来看，华东地区排名第一，2019 年共举办光电类展会 5 场，包括慕尼黑上海光博会、2019 中国（上海）国际激光技术及智能制造展览会、2019 世界激光应用大会暨产业博览会（济南）、2019 世界激光应用大会暨产业博览会（济南）、2019 中国（上海）国际激光技术及智能制造展览会。

表 6.42　各地区光电类展会得分排名（2019 年）

地区	排名	得分	光电类展会/场
华东地区	1	0.00223	5
华南地区	2	0.00179	4
华中地区	2	0.00179	4
华北地区	3	0.00134	3
东北地区	6	0.00000	0
西南地区	4	0.00089	2
西北地区	5	0.00045	1

各地区光电类展会得分排名并列第二的是华南地区和华中地区，2019 年共举办光

电类展会均为 4 场。华南地区包括第 21 届中国国际光电博览会、2019 第十四届中国（中山）装备制造业博览会、2019 第十三届中国（深圳）激光与智能装备博览会、2019 华南先进激光及加工应用技术展览会；华中地区包括 2019 湖南长沙焊接与切割技术设备展览会、"中国光谷"国际光电子博览会暨论坛、2019 中国（武汉）国际先进激光及加工应用技术展览会、湖北省激光行业协会第一届激光供应链大会。

各地区光电类展会得分排名第三位到第五位的分别是华北地区、西南地区和西北地区，2019 年共举办光电类型展会分别为 3 场、2 场和 1 场。东北地区光电类展会得分排名第六位。

文化环境具有较强的产业带动效益。近年来，激光行业内举办的展会及赛事越来越多，一方面体现了激光行业的蓬勃发展，另一方面也能够为激光产业及举办地带来更多的资源优势及经济发展，提升企业的综合竞争力。特别是华东地区的上海，作为展会及赛事经济最繁荣的地区之一，不仅基础设施条件优越，而且商务信息快捷、外商光临频率高，通过光电赛事及展会的展示平台，可以实现光电企业的借力发展。

第7章 中国激光产业的未来发展

7.1 中国激光产业发展的国际环境

2020年以后，中国发展的国际环境发生了巨大变化，在新的市场环境挑战下，发达国家和新兴市场国家对中国高科技企业的认知差异扩大，尤其是以美国为代表的发达国家加大对中国企业的审查力度，使得中国高科技企业海外发展的不确定性增加。

7.1.1 美国对中国高技术发展的遏制

1. 美国不断强化技术保护，增加对中国科技企业的制裁

2021年10月美国财政部发布《2021年制裁评估报告》强调：制裁是促进国家安全利益的根本性重要工具。"9·11事件"以后，美国的经济和金融制裁成为解决国家安全、外交政策和经济造成威胁相关活动的首要政治工具。目前美国财政部海外资产控制办公室已经有37个制裁项目，累计纳入了12000个实体，撤出3000个实体，规模庞大。2019年至今，美国多次出台禁令，针对中国科技企业的芯片制造、通信技术和信息安全开展制裁，中国的一些激光企业也被列于其中。美国等国的逆全球化行为无疑对中国科技企业造成巨大冲击[79]。

同时美国也在不断强化技术保护。美国认为未来世界领导权将属于在关键技术竞争中获胜的国家，因此，对中国、欧盟、日本、韩国等拥有技术发展潜力的国家和地区，特别是中国的科技布局感到焦虑。为确保美国在新一轮科技竞赛中获胜，美国政府通过了相关法案，专门针对外国政府人才招募、知识产权保护、防止网络窃密以及确保技术标准主导权做了规定，特别提出禁止联邦科学机构所有人员参加外国政府人才招募项目，禁止转让国家科学基金会开发的知识产权。

2. 美国政府采取综合措施促进美国科技发展，确保美国高科技的领导地位

为了保障美国科技的领先地位，美国政府专门制定了促进科技发展的相关措施，主要包括以下几点。

（1）加大研发和教育投入。美国战略界认为美国科技领先地位被挑战的一部分原因是美国政府对科研投入不足。第二次世界大战以后，美国政府研发支出长期居世界榜首，20世纪60年代美国政府研发支出高达GDP的2%，如今下降到仅为GDP的0.7%，为历史最低，位列全球第12位。美国在国家科学基金会设立技术和创新理事会，专注关键技术重点领域的基础研究和商业化。技术和创新理事会基本复制美国国防部高级研究计划局的组织架构，借鉴了后者在项目挑选、资金使用、项目执行评估和转化等方面的经验，每三年修改一次关键技术清单。同时，美国还把教育作为推动科技创新的关键，提出增加大学研究支出，资助优秀大学生，实施关键领域教育计划和奖学金体系，培养多样化的 STEM（科学、技术、工程、数学）人才。

（2）缩小地域差异。美国计划在未来五年采取公私合作模式在全美国各地建立 10~15 个区域技术中心，由美国商务部负责筛选财团加入区域技术中心建设，制定全面的区域技术战略拨款计划。区域技术中心将向农村地区和技术落后地区倾斜，并在 STEM 教育拨款方面向农村学生和社区倾斜，缩小地域差异，推动创新。

（3）增强本土制造。供应链安全和制造业"回流"备受美国政界关注，美国总统拜登上台后便颁布行政令要求审查美国供应链安全，提出建立"弹性供应链计划"，设置首席制造官以及联邦制造业和工业创新战略和协调委员会等，拨款 24 亿美元推动美国半导体制造业发展，拨款 12 亿美元用于"美国制造"计划。在半导体制造方面，法案将在未来五年拨款 540 亿美元加强半导体、微芯片和电信设备生产，提升美国供应链安全和韧性[80]。

3. 美国将中国作为创新领域的主要竞争对象，试图延缓中国赶超美国的进度

2021 年 6 月 8 日，美国国会参议院表决通过《2021 年美国创新与竞争法案》，释放出美国通过全政府手段推动科技创新和技术保护的强烈信号。该法案反映了美国未来科技布局方向，着力支持美国制造业发展，修复美国的供应链，并投资于下一代尖端技术研究。该法案主要涉及以下几个方向：①科技领域协助美国企业实现全球供应链的多样化；②全球基础设施和能源发展，涉及制定先进可靠的能源基础设施战略等；③美国的经济外交和领导力，主要涉及区域经济秩序调查，审查中国在全球贸易和经济中的参与度，巩固美国在印太地区的经济外交，构建数字贸易协议及数字连接和网络安全伙伴关系；④美国的金融外交和领导力，涉及中国金融产业政策的调查，美国财政实力对全球领导力的重要性，美国资本市场上中国公司情况等。特别是再次提出"科学：无尽的前沿"，将美国的科学技术发展再次作为了美国政府重点关注的事项。同时该法案将提高对中国竞争力单独成法，包括建立供应链弹性计划，扩大商务部的美国制造计划，设立技术商业化审查机制，以及要对美国面临的新兴科技挑战进行研究，等等。法案指出，将分阶段为美国国家科学基金会、美国国家航空航天局以及美国商务部、能源部提供 1900 亿美元拨款，加速人工智能、半导体、量子计算、先进通信、生物技术、网络安全等领域的创新发展[80]。

同时该法案在科技议题中杂糅外交和人权等议题，反复强调要维持美国"竞争优势"，为中国"量身设计"多项限制性措施，试图延缓中国赶超美国的进度，对中国的负面影响不可小觑。例如，该法案禁止参与过中国研究的人员申请法案的各类奖励及项目，要求对中国企业参与美国制造项目进行严格审查，全面限制美国与中国开展核、航空航天等领域合作。可以说，该法案为了确立美国未来技术发展方向和实施路径，从立法层面限制中美科技交流合作，增强保护主义，强化中美科技竞争对抗色彩，破坏公平营商环境，对中国企业对美投资产生了很大的负面影响。

7.1.2 日本配合美国开始实施经济安全政策

1. 实施技术出口管制的"最终用户名单"

近年来，日本也开始效仿美国加严对尖端技术的出口管制措施，并与所谓"志同道合"的国家建立出口管制磋商新机制。类似于美国出口管制的"实体名单"，作为日本出口管制相关事务的主管部门——日本经济产业省也管理着一份"最终用户名单"。截至目前，日本"最终用户名单"共纳入 15 个国家（地区）的 600 个实体，共纳入中国实体 86 个。从日本"最终用户名单"来看，部分中国实体与美国"实体名单"高度重合，实体中涉及多家碳纤维等新材料、半导体相关的生产以及贸易企业。既有中国兵器工业集团有限公司、中国航发南方工业有限公司等大型国有企业，也有北京科泰克科技有限责任公司、成都申威科技有限责任公司、成都雷思特电子科技有限责任公司、锐创电子有限公司、深圳市顺吉电子科技有限公司等民营高科技企业。

在 20 家研究所中：从事航空航天领域的研究所最多，达到 17 家，包括中国航天科技集团下属的多个研究所、中国空间技术研究院、上海空间电源研究所等；从事电子领域的研究所有 3 家，且均为中国电子科技集团公司下属研究所。

在 7 家高校中，"国防七子"有 5 家，分别是北京航空航天大学、北京理工大学、哈尔滨工程大学、哈尔滨工业大学及西北工业大学。

除了在"最终用户名单"方面加强与美国的"联动"外，美日在半导体领域的合作动向尤其值得关注。目前，美国半导体供应链上的企业巨头，如 Applied Materials（应用材料）、Lam Research（泛林）均已被限制与中国企业进行交易。美国也希望尼康、佳能等日本的半导体设备巨头能够与美国的"步调一致"，共同限制中国半导体的崛起[81]。

2. 制定实施经济安全保障政策

2022 年日本参议院通过了《经济安全保障推进法案》。主要目标是强化构建日本国内供应链，确保核心基础设施安全，实施官民合作研究尖端技术，实施不公开专利等。其中，为确保核心基础设施安全，该法案指定了电气、金融和铁路等 14 个行业，企业需提前汇报拟引进设备的概要、供货方及零部件详情。通过这些措施排除存在安全威胁的海外产品。日本的《经济安全保障推进法案》主要内容包括以下四个部分：①"强化供应链"。日本政府将建立强化半导体等国内生产基础的相关支持制度，为半导体等重要产品的国内生产建立补贴机制，初步确定将为那些在日本国内建立半导体生产工厂的费用提供 50%的补贴，并在 2021 年度补充预算案中划拨数千亿日元，在日本新能源与产业技术综合开发机构设立相关的基金。②"维护核心基础设施"。日本政府将对通信、能源及金融等领域的企业在引进重要设备时，建立"事前审查制度"，审查具有安全风险的国外产品是否包含在核心基础设施中。③"敏感专利非公开化"。早在 2020 年，日本政府就已经考虑要修改相关法律，引入所谓的"秘密专利"制度，以防止对日本国家安全有重要意义的先进技术信息外流。目前日本的专利制度允许经过一定期限后，在提出申请的情况下允许公开所有专利内容。但是在新法实施后，一旦某项专利被日本政府认定为属于"非公开"的秘密专利范畴，即使有人提出申请，也会不予公开，日本政府将计划为"非公开"的专利持有者提供补偿。日本政府指出，许多发达经济体都制定了秘密专利相关制度，对可能被用于军事用途的技术信息实施"非公开化"。④"确保技术基础"。日本政府将为人工智能、量子计算等前沿技术的研发建立情报和资金支持机制，此举有可能促进一些民用技术被用于国家安全领域。

3. 制定实施"半导体与数字产业战略"

日本经济产业省已经发布了"半导体与数字产业战略"。该战略的目标是从强化日本产业基础、提高战略自主性和不可或缺性的角度，保障后 5G 时代不可或缺的先进半导体（逻辑半导体、存储器）的稳定供应，并把高性能半导体的产能作为首要的安全问题。此外，在促进日本国内半导体材料和设备制造企业发展的同时，也要促进那些能够为本地创造就业机会的半导体相关领域企业的发展。除了吸引海外先进半导体企业扩大对日本投资以及防止产能"外流"外，还提出了促进日美半导体技术合作也是重要一步。

日本的"半导体与数字产业战略"实施路径包括：第一步"加快物联网相关半导体生产基地的建设"，吸引先进半导体代工厂来日建厂，抑制日本半导体制造基地的外流和空心化，更新和强化日本现有的半导体生产基地。第二步与美国合作研发下一代半导体技术。日本经济产业省提出，要以 21 世纪 20 年代中后期的实用化为目标，将推动与"志同道合"国家的海外代工厂在前工序（More Moore，微型化超过 2 nm），后工序（More than Moore、3D 封装），以及下一代功率半导体等下一代半导体技术领域进行研发合作。为此，日本政府将通过"后 5G 信息通信系统基础设施强化研究开发基金"（2000 亿日元）以及"绿色创新基金"（2 万亿日元）予以推动。第三步开发可以改变"游戏规则"的领先世界其他地区的新技术，并推动开放式创新，以及通过创新创造新优势。日本经济产业省指出，在 21 世纪 30 年代之后有可能改变半导体领域"游戏规则"并可能主导研发趋势的光电融合技术领域，日本已处于领先地位。

日本的光电融合技术路线图具体为：第一步实现硅光子、光纤、模拟 IC 等搭载的芯片结构，提高与芯片外部的连接速度；第二步实现芯片之间通过超短距离光布线的直接连接；第三步通过光布线连接芯片内的内核，实现超低功耗。

在推动开放式创新方面，日本经济产业省提出，以比利时的校际微电子中心和 IBM 的研究实验室作为关键绩效指标，构建自主研发体系，推动与全球企业的产学合作。此外，实现全球企业需求与国内研究资源的战略匹配，建立安全层面的审查机制，以及人力资源开发。同时，建立半导体技术的开放式创新研发框架，大力推动日本经济产业省、文部科学省、企业、大学、研究机构的合作，以及建立从下一代基础研究（开放）到技术应用的官民共同承担的研发战略[82]。

7.1.3 欧盟应对地缘政治、经贸摩擦和产业技术变革的行动

1. 发布《捍卫欧洲经济主权：抵制经济胁迫的新方法》

欧洲对外关系委员会是欧洲顶级的智库之一，50%以上的成员具有政府或政府间国际组织的背景，并且绝大多数都是来自欧洲各国政府以及欧盟各机构高级别的现任或前任官员。对该机构发布的研究成果应予以足够的重视。该委员会发布的《捍卫欧洲经济主权：抵制经济胁迫的新方法》认为，当今欧洲面临最重要的结构特征并不是多边主义，而是夹在两个最重要经济伙伴——中美之间的两极竞争问题，是两大经济体地缘经济和地缘政治融合的问题。

报告指责美国将全球公共组织机构，如美国金融体系、环球银行金融电信协会、世界贸易组织和国际货币基金组织政治化。同时，也指责中国利用投资、国际合作援助项目操纵市场，削弱多边机构和欧盟在世界舞台上的话语权等。报告认为，中美两国对欧盟采取了种种胁迫，如关税和贸易限制、制裁、域外出口管制和强制敏感数据传输等，并认为虽然目前中国在全球经济网络中的地位还没有美国那么强大和重要，但中国很快就会使用更多复杂工具来塑造其在数字货币、技术进步、参与欧洲基础设施建设的中心和关键地位。

报告强调，美中等强国正越来越多地利用其在全球经济网络或某一领域中的中心地位来限制欧盟的贸易。未来，欧洲可能会面临更多的域外制裁、强制敏感数据传输，并会造成欧洲市场扭曲。欧盟需要构建其战略自主权，更好地整合欧盟内部的经济和地缘政治政策。欧洲应该将建立一个强大的跨大西洋关系，也就是多边主义，作为其首要战略选择；其次是欧洲应该向胁迫国加大施压力度，让其参与对话；作为最后手段，欧洲需要开发其他政策工具来更有效地保护其公司、贸易和外交关系[82]。

2. 采用综合政策工具加强保护其公司、贸易和外交关系

欧洲计划开发一系列政策工具来更有效地保护其公司、贸易和外交关系。这些政策工具包括以下几方面。

金融政策：①建立欧洲出口银行。创建一家独立于美国金融体系的欧盟层面的政府金融机构，以保持与受大国制裁的第三国支付渠道的畅通。②建立数字欧元。建立数字欧元，减少对外国支付网络的依赖，增强抵御经济胁迫的能力。③建立欧盟弹性办公室，以抵御经济胁迫。建立一个能决定和实施反经济胁迫的部门，能够代表欧盟整体利益与类似于美国财政部海外资产控制办公室、中国商务部等机构进行对话和谈判，对第三方国家的经济胁迫进行调查、成本评估等。④提高欧元的国际地位。采取具体措施促进欧元贸易，创造比美元和人民币更具吸引力的欧元。

贸易政策：①提高欧洲的竞争力。一方面通过加强向数字化和绿色转型，提高欧盟企业的竞争力和创新能力，并且对欧盟企业回流进行投资，增强欧盟供应链弹性；另一方面加大塑造基于规则、规范和多边合作的国际经济环境的力度，包括：在2021年年底与中国达成实质性的全面投资协定，加强营造以规则为基础的公平竞争环境；寻求与包

括美国和印度在内的合作伙伴,就数据自由流动达成临时协议,为更全面的自由贸易谈判创造条件等。②采用欧盟集体防御工具。欧盟将通过一项框架法规,制定欧盟集体防御工具,使欧盟委员会和成员国有能力保护欧洲免受经济胁迫。③加强欧盟阻断法案。改革欧盟阻断法,与其他工具结合,使其更有效地支持欧盟公司,恢复其原有的威慑作用。④禁止强制敏感数据传输。欧盟与第三国(主要是美国)谈判新的框架协议;通过一项关于保护敏感数据的法规。

其他领域政策:①矫正市场扭曲。评估域外胁迫的成本损失和市场扭曲程度,为欧盟提供矫正不公平竞争的政策建议。包括:针对他国政府对第三国提供的补贴采取措施;剥离某些问题资产;禁止或限制特定领域的投资。②对个人/实体实施制裁。对第三国个人/实体实施制裁,如旅行禁令和资产冻结。③建立欧盟弹性基金。为欧洲提供出口信贷担保,为欧盟企业抵御胁迫提供资金支持,为受到严重打击的欧洲部门和成员国提供补偿,加强欧盟团结。

欧盟目前已经在推进其中一些措施的实施,例如:2021年3月22日,欧盟对包括中国4名官员和1家实体实施制裁;2021年5月5日,欧盟委员会发布《关于扭曲国内市场的外国补贴条例草案》等[83]。

总之,国际环境对中国高科技企业日益不友好,其理由花样繁多,包括危害国家安全、违反全球制裁协议、侵犯知识产权等,但结果往往趋于一致。一是从需求侧着手,不允许本国企业购买中国高科技企业的产品,例如一些国家拒绝华为参与本国的5G网络建设,甚至连参与投标的资格都剥夺;二是从供给侧着手,不允许中国高科技企业购买其原材料,主要是芯片、重要软件(如MATLAB)等,甚至都不允许第三方代工,如一些芯片代工厂停止为海思代工等。没有芯片、核心软件等上游原材料,中国高科技企业的产品制造将难以为继;更重要的是,在经济、技术全球化的背景下,中国企业自研的产品、第三国替代产品势必也会涉及相关技术,若超过美国规定的阈值,依旧无法制造。美国等国的制裁手段,确实精准打击了华为、中兴、浪潮等中国高科技企业,随之而来的链式传播效应将影响高科技产业链上所有的企业。

7.2 中国激光产业竞争力提升的关键问题

7.2.1 原始创新能力依然薄弱

经过多年的努力,我国激光企业在中低端产品上已站稳脚跟,但在高端技术水平产业和高端核心部件上与世界先进水平仍有较大差距;在产品上,跟随型产品居多,原创或首创性的产品较少。究其原因主要包括以下三方面。

一是基础理论研究缺乏。例如:在增材制造基础理论、新材料形性设计理论、微纳尺度成形技术机理等方面投入少,许多研究尚处于起步阶段;在激光与物质作用的微观机理研究方面仅开展局部研究;在复合材料、复杂环境、关键器件制造、成形过程精细控制和性能预测设计等方面基础积累严重不足,以跟跑为主。

二是关键核心技术仍需突破。尽管中国在激光领域的专利申请量遥遥领先,且近10年来基本保持了增长趋势，但中国申请人申请的专利所具备的价值含量仍然偏低，同时我国在高功率光纤激光光源技术、关键器件、核心原材料等领域仍具有被"卡脖子"的风险。

三是下游市场应用不足。激光制备工艺及装备在可靠性、一致性、智能化程度方面与国外先进水平相比还有差距。例如，集成电路、显示面板、光通信等厂商对国产激光精密制造设备信心仍显不足，一定程度上造成国产设备应用空间受限，产品迭代速度慢，研发周期长。此外，激光增材制造设备、超快激光精密制造设备等核心元器件主要依靠进口的现象没有得到本质改观。

7.2.2 企业科研实力有待提升

我国激光应用产业快速发展，2011年到2020年激光设备销售收入提高了6倍多，涌现了大族激光、华工科技等一批有世界竞争力的激光企业。但我国激光企业在开展科研方面力量较弱，获得国家科技计划资助也较少。一方面反映出我国企业科研实力、科研基础较弱，无法与高校和科研院所竞争；另一方面也说明目前激光领域资助项目来自产业前沿较少，问题较为基础，风险较大，与产业关联较弱，企业兴趣不大。

换个角度来看，我国激光企业的国际化程度与国外一流企业相比仍存在天壤之别。类似大族激光等龙头企业近几年在实施"走出去"战略方面，表现得差强人意。表明我国企业的全球价值链资源整合能力有待进一步提升。世界一流企业往往处于全球价值链的"链主"地位，能够通过将资本、技术、人力等要素进行最优地排列组合，产生最优的生产经营效益进而保持优势竞争力。而我国激光企业早些年多是把握国际生产要素大流动和产业大转移的机遇，利用国外资金、技术、网络等资源，通过与国际知名企业建立合资合作与战略联盟，加速自身发展。我国激光企业在通过价值链盈利的广度、深度和跨度上仍处于探索阶段。虽然近几年通过"走出去"战略，我国激光企业拿下一些优良的技术资产，但总体来说，与司空见惯的欧美重量级并购相比还存在不小的差距。

7.2.3 成果转移转化效率不高

虽然我国国家层面的科研经费投入巨大，但成果转移转化效率并不高，长期被视为影响我国科研体系有效促进经济社会发展的瓶颈性问题。激光作为高技术产业也存在以下两方面的问题。

一是我国科技成果的供给主体多为高等院校、科研院所等科研单位，而大部分高校与科研院所的科研成果考核仍以专利授权为标准，使得科研成果大批产生，但真正转化落地的却极少，并且科研院所和高校与企业及园区的关联度都不高，技术研究成果对产业的转化和支撑明显不强。

二是研究与市场存在脱节的现象，研发成果脱离市场需求，企业难以承接。一方面，部分高校或科研院所的研发成果成熟度不高，市场风险大，企业不愿或不敢进行科技成果转化。另一方面，高校、科研院所与企业之间没有建立成熟的技术合作渠道、可信的平台机制，导致合作效率较低。

7.2.4 关键核心人才缺乏

激光产业的迅速发展，对专业人才需求成倍数增长。但关键核心人才缺乏已经成为常态，主要有以下两点原因。

（1）激光应用是典型的交叉学科应用，涉及光学与光电子学、自动控制、机械设计与机械工程、材料科学、热力学等学科领域。目前，国内设置激光相关专业的院校太少，全国各类院校之和不超过 50 所，培养的激光专业技术人才数量有限，不能很好地满足行业快速发展的需要。尤其是前沿交叉学科的师资和科研人才存在较大的缺口。

（2）不仅缺乏高端的领军人才，应用型技术人才的缺乏也成为阻碍激光产业发展的瓶颈。我国激光企业在参与全球竞争过程中，需要大量的工程应用人才组建服务保障网络。对于工程应用人才，要求其综合素质较高，不仅应具有较宽的学科覆盖面和专业知识储备，而且具备设计、动手操作、维护控制等多种能力。反观我国开设激光相关课程的职业院校稀少、条块分割、产学研脱节、技术进步缓慢。究其原因是固定资产投入巨大，地方师资力量不足，教学模式偏保守。

7.3 中国激光产业竞争力提升的对策与建议

7.3.1 国家层面：加强顶层设计

（1）加强制度性顶层规划设计。从国家层面，须进一步完善激光产业的顶层设计和全局规划，特别是要加强产业中长期规划和行业政策引导。要充分发挥行业协会学会、科技金融服务机构等组织单位的作用，建立"政产学研金服用"良性的协作模式，引导产业健康发展。

（2）加强重大项目和成果的策划。从国家层面高度重视系统性、共性技术的突破；注重产出基础性、体系性的重大成果；重点布局涉及全局性、基础性的重大项目或重点任务，比如光学特种材料、高端精密科学仪器、核心激光元器件等，把提升原始创新能力摆在更加突出的位置。对长期困扰或阻碍我国激光产业进步的"卡脖子"技术难题，须尽快开展综合评估，组织高校、科研院所、企业等联合攻关。

7.3.2 技术层面：持续提升原始创新能力

（1）提升对激光技术的认知力。激光技术应用已经渗透到多个行业，成为材料加工的理想工具和手段，而激光技术与纳米科技、材料科学、新能源、医疗等结合也催生出更多应用场景。在全球范围内，须紧盯战略性、前沿性、颠覆性技术发展态势。在当前的教育体系中，机械制造行业、信息行业、医疗行业等相关专业的教育中往往欠缺激光技术的内容，对激光技术新产品在该行业的渗透和发展不利。建议在中小学开设相关科学知识讲堂，在更多高校开设专业课程和基地班。

（2）加大对基础研究的长期投入。一是大力弘扬科学家精神，要将老一辈激光与光学界科学家（如王大珩、龚祖同、王之江等）献身科学事业的精神发扬光大。二是进一步发挥国家科研组织的引领作用。对于国家实验室、国家创新中心、国家重大科技基础设施等，持续改进和完善基础研究效能的评价方式，促进基础研究领域的国际交流与合作。三是注重高端工艺技术的研发。一些关键核心光电器件、光电材料的制备需要高端工艺技术的支撑，而相关技术产品需要数代匠人的刻苦钻研和打磨。通过弘扬工匠精神，不断提高产品质量，打造更多享誉世界的中国激光产品。四是给科研人员尤其是青年科研人员解绑，让科研人员充分发挥自由探索精神，释放出更大的创新潜能。

7.3.3 产业层面：完善全产业链技术布局

（1）开展产业链补链强链专项行动。围绕激光产业的产业链深入开展补链强链专项行动，提升如高功率增益光纤、抽运源半导体芯片等上游元器件的自主研发和供给能力，逐步解决精密科学仪器设备严重依赖进口问题，积极推进激光加工装备产业的数字化和智能化发展，对标世界前沿抓紧储备和启动一批新的关键核心技术攻关项目。

（2）构建产业技术协同创新联盟。着眼激光产业技术创新的战略方向和区域支柱经济。通过共建研发机构、重点实验室等方式，重点突破制约激光产业发展的共性关键技术问题、研发重要产品、制定行业标准、掌握自主知识产权，协同推动激光技术相关的科技展览展示、知识产权服务、检验检测服务、科技成果孵化转化等工作。

7.3.4 企业层面：加快培育世界一流企业

（1）培育更多的单项冠军企业。在智能制造领域，我国激光制造已成为过去10年先进制造领域发展最快的方向之一，无论是宏观制造、微纳制造，还是金属、非金属增材制造，均形成了一定特色，部分技术国际领先。在此基础上，应该牢牢抢抓优势领域，尽可能培养更多单项冠军企业，引导单项冠军企业放大研发生产优势，整合产业链资源，推动产业链的共享式发展。引导单项冠军企业从研发生产型企业向制造服务商、系统方案解决商转型，从制造企业向平台企业升级，从打造单项冠军企业向打造单项冠军产业链、产业集群跃升。

（2）构建有利于自主创新的综合性环境。其一，自上而下坚持长期主义。创建世界一流企业的最大难点在于不断颠覆自我认知和持续突破核心技术难题，从而实现长期技术引领。如果做不到这一点，企业规模再大也很难算是"一流"，而企业决策层在坚持长期主义上发挥决定性作用。其二，持续提升企业内部的生产效率，即通过建设智能工厂，打通设备、产线、生产和运营系统，获取数据，实现提质增效，打造数据驱动的智能生产能力和业务创新能力。其三，营造优质的企业文化。世界一流企业非常注重优质企业文化的传承和渗透。在日常管理中，持续提升内部管控效率。科学规范的内部管控体系是企业运营与战略目标顺利对接的重要保障，能将企业的战略目标贯穿于企业经营的每个环节，保持企业可持续的国际竞争力。

7.3.5 区域层面：建设区域产业链集群

（1）建设重点区域激光产业链集群。随着国外疫情扩大，经济下行压力加大。国际市场波动明显、订单交付存在风险、生产成本不断上涨等多重因素交织，令国内众多激光企业生产受到影响。建议在激光产业链研发机构和企业相对集中的区域，如广东、江苏、湖北等地，及早筹划建设后疫情时代的区域性产业链集群，努力融入全球激光技术市场的发展，形成高度集聚、上下游紧密协同、供应链集约高效的新产业生态，推动全球激光产业链的大循环。

（2）加大对工业互联网的应用和投入。工业互联网的应用很可能成为中国制造业从制造到智造的一个转折点，它将极大促进区域产业链供应链优化和产能重组升级。为激光产业链构建工业互联网，既着眼于现实的产业基础，又面向未来产业转型升级。具体做法包括：一是盘活存量。目前国内已经形成一大批投入运营的工业互联网平台。部分平台企业能够在航空航天、装备制造、信息电子、冶金、石化等行业精耕细作，在质量优化、工艺优化、设备预测性维护、供应链协同等方面形成一系列创新应用。对区域现有激光产业企业资源进行梳理，导入现有的工业互联网平台，促进企业间资源的交易和交换。二是拓展合作渠道。要站在国际视野去引进与区域产业链紧密相关的上下游企业、服务提供企业等，形成稳定的合作关系，逐步导入高端产业和高端环节，逐渐形成一体化的产业生态圈。

（3）纵深发展区域产业链金融。在区域内，系统盘点全球疫情对供应链、产业链的冲击，并围绕受冲击环节或场景，为企业所遭遇的问题提供合理有效的金融解决方案，修复断裂资金链，创新补充资金链。具体包括：一是在地方政府指导下，联合地方金融部门和管理部门成立专班，支持具有核心竞争实力的激光企业提高融资能力和流动性管理水平，畅通和稳定上下游产业链条。二是鼓励核心企业通过应收账款融资服务平台进行确权，为中小微企业应收账款融资提供便利，降低中小微企业成本。

7.3.6 人才层面：创新人才招引、培养和评价模式

激光专业人才尤其是国际领军人才多被所在国视为战略核心资源。当前新型冠状病毒肺炎疫情在全球反复肆虐，全球一体化的进程受到前所未有的挑战，也很大程度上限制了高端人才的自由流动。对于我国的高校、科研院所和企业，须进一步打破僵化的人才招引思维，采用柔性招才引智的人才方式，在引进智力和智力成果上想办法、下功夫。在引才方面要采取多样化方式，如重大技术问题的线上交流、设立跨国基金会、资助海外项目开展协同攻关等。

同时发挥市场配置人才资源的基础性作用，建立与市场经济相适应的体制和机制。建立一个以竞争为核心，比实力、比贡献、能上能下的人才遴选机制。要营造人才发展的良好氛围，完善人才评价激励机制和服务保障体系。此外，还需加大对激光及光学应用人才培养力度。适应激光应用加速发展的需要，在临床医学下设立激光医学二级学科；在材料、制造等理工专业中强化激光基础教育，夯实激光应用发展的人才基础；在元宇宙、区块链等新兴领域，加大激光与光学前沿交叉人才的选拔和培养。

参 考 文 献

[1] 杨广军. 激光的魔力[M]. 上海: 上海科学普及出版社, 2013.
[2] EINSTEIN A. On the quantum theory of radiation[J]. Concepts of quantum optics, 1983, 59(2): 93-104.
[3] 丁俊华. 激光原理及应用[M]. 北京: 电子工业出版社, 2004.
[4] TOWNES C H. Making waves[J]. American journal of physics, 1996, 64(1): 94.
[5] 姜伯承, 邓海啸. 自由电子激光[J]. 科学, 2012, 64(1): 13-16.
[6] 雷仕湛, 刘德安, 张艳丽. 激光发展史概论[M]. 北京: 国防工业出版社, 2013.
[7] HECHT J, DAS B. Beam: the race to make the laser[J]. American journal of physics, 2005, 74(1): 87.
[8] 龚旗煌. 光学与光子学前沿论坛专题·编者按[J]. 中国科学: 物理学力学天文学, 2020, 50(8): 1.
[9] 高世楫, 陈立, 许钢. 2000 年中国国际竞争力评价: 经济创造力与国际竞争力[J]. 战略与管理, 2001(2): 78-87.
[10] 耿弘, 孙学玉. 中国产业组织国际竞争力问题探讨[J]. 财经研究, 2000(1): 16-21.
[11] 宋明佳, 张庚淼. 产业国际竞争力评价指标体系研究[J]. 人文杂志, 2003(2): 60-65.
[12] 郑刚, 姜春林. 区域产业国际竞争力评价指标体系研究[J]. 科学管理研究, 2001(6): 24-27, 46.
[13] PORTER M E. The competitive advantage of nations[M]. London: Macmillan, 1990.
[14] 金碚. 竞争力经济学[M]. 广州: 广东经济出版社, 2003.
[15] KRUGMAN P. Competitiveness: a dangerous obsession[J]. Foreign affairs, 1994, 73(2): 28-44.
[16] 张超. 提升产业竞争力的理论与对策探微[J]. 宏观经济研究, 2002(5): 51-54.
[17] 金碚. 中国工业国际竞争力: 理论、方法与实证研究[M]. 北京: 经济管理出版社, 1997.
[18] 裴璐. 肉鸡产业国际竞争力评价体系构建及应用[D]. 北京: 中国农业科学院, 2020.
[19] 吴灼亮. 中国高技术产业国际竞争力评价: 理论、方法与实证研究[M]. 北京: 经济管理出版社, 2009.
[20] 王钰. 应用 AHP 方法对产业国际竞争力评价的研究: 1995—2010 年中国制造业低碳经济的验证[J]. 经济学家, 2013(3): 61-68.
[21] 赵文亮, 蒋子函, 宋祎宁, 等. 信息产业国际竞争力评价指标体系研究[J]. 办公自动化, 2018(8): 3.
[22] 钱景怡, 余正. 我国生物制药产业国际竞争力分析[J]. 中国药事, 2020, 34(5): 549-555.
[23] 蓝庆新, 窦凯. 基于"钻石模型"的中国数字贸易国际竞争力实证研究[J]. 社会科学, 2021(3): 44-54.
[24] 华欣, 丁健, 乔萍. 我国高技术产业国际竞争力脆弱性评价指标体系研究[J]. 国际经济合作, 2021(4): 11.
[25] 岳欣. 国家能力与经济发展: 基于经济高质量发展目标的再思考[J]. 经济学家, 2021(1): 54-62.
[26] HUGGINS R. Creating a UK competitiveness index: regional and local benchmarking[J]. Regional studies, 2003, 37(1): 89-96.
[27] RATLIFF J M. The persistence of national differences in a globalizing world: the Japanese struggle for competitiveness in advanced information technologies[J]. Journal of socioeconomics, 2004, 33(1): 71-88.
[28] CHOI Y C, HUMMELS D, XIANG C. Explaining import quality: the role of the income distribution[J]. Journal of international economics, 2009, 78(2): 293-303.
[29] HASHMI A R, VAN BIESEBROECK J. The relationship between market structure and innovation in industry equilibrium: a case study of the global automobile industry[J]. Review of economics & statistics, 2016, 98(1): 192-208.

[30] FUJIMOTO T, MAEKAWA R, IWAO S. Industrial competitiveness and "Mild Selection": basic concept and mathematical simulation[J]. Akamon management review, 2019(18): 5-40.

[31] 凌美秀. 产业链视角下国内信息服务业的发展定位研究[J]. 图书情报知识, 2005(2): 72-75.

[32] 吴金明, 邵昶. 产业链形成机制研究: "4+4+4" 模型[J]. 中国工业经济, 2006(4): 36-43.

[33] SCHUMPETER J. The economic theory of development[M]. Oxford: Oxford University Press, 1912.

[34] 张乃平. 中国汽车工业创新系统研究[D]. 武汉: 武汉理工大学, 2003.

[35] UTTERBACK J M. Innovation in industry and the diffusion of technology[J]. Science, 1974, 183(4125): 620-626.

[36] 张玉娟, 汤湘希. 基于熵值-突变级数法的企业创新能力测度: 以创业板上市公司为例[J]. 山西财经大学学报, 2017, 39(8): 15-27.

[37] 陈小洪, 陈金亮. 开篇: 产业链创新: 过程和影响因素[J]. 机械设计与制造工程, 2008(20): 10-11.

[38] PORTER M E. Location, competition, and economic development: local clusters in a global economy[J]. Economic development quarterly, 2000, 14(1): 15-34.

[39] 马士华. 供应链运作管理的框架模型[J]. 供应链运作管理的框架模型, 2002, 8(8): 630-634.

[40] 潘成云. 解读产业价值链: 兼析我国新兴产业价值链基本特征[J]. 当代财经, 2001(9): 7-11.

[41] 赵美江, 刘洪枫. 基于产业链的现代服务业机制创新[J]. 市场周刊: 理论研究, 2007, 457(12): 38-39.

[42] 陈小洪, 陈金亮. 中国产业链创新: 有关认识、案例和讨论[J]. 中国发展评价 (中文版), 2008, 10(2): 30-35.

[43] 黄师平, 王晔. 国内外区域创新评价指标体系研究进展[J]. 科技与经济, 2018, 31(4): 11-15.

[44] 李燕萍, 罗静子, 沈晨. 区域创新评价指标体系的构建[J]. 统计与决策, 2016, 452(8): 32-34.

[45] 靳来群, 胡善成, 张伯超. 中国创新资源结构性错配程度研究[J]. 科学学研究, 2019, 37(3): 545-555.

[46] FOSS N J. Higher-order industrial capabilities and competitive advantage[J]. Journal of industry studies, 1996(1): 1-20.

[47] SCHWER R K, ROSS A, YENCHA C. Regional innovative capacity with endogenous employment: empirical evidence from the U.S.[J]. Review of regional studies, 2003, 33(1): 73-84.

[48] 牛方曲, 刘卫东. 中国区域科技创新资源分布及其与经济发展水平协同测度[J]. 地理科学进展, 2012, 31(2): 149-155.

[49] 张银银, 黄彬. 产业承接、创新驱动与促进区域协调发展研究[J]. 经济体制改革, 2015(6): 62-67.

[50] 徐银良, 王慧艳. 中国省域科技创新驱动产业升级绩效评价研究[J]. 宏观经济研究, 2018(8): 101-114, 158.

[51] 李兰. 创新投入对产业结构升级的影响[J]. 合作经济与科技, 2019, 601(2): 20-22.

[52] 程郁, 陈雪. 创新驱动的经济增长: 高新区全要素生产率增长的分解[J]. 中国软科学, 2013(11): 31-44.

[53] 王俊豪. 现代产业经济学[M]. 杭州: 浙江人民出版社, 2003.

[54] TIBBITS G. Fukuyama, Francis. Trust, the social virtues and the creation of prosperity[J]. Small enterprise research, 1997, 5(1): 69.

[55] ALCHIAN A A. Uncertainty, evolution, and economic theory[J]. The journal of political econonry, 1950, 58(3): 211-221.

[56] PRAHALAD C K, HAMEL G. The core competence of the corporation[J]. Harvard business review, 2010, 68(3): 275-292.

[57] 尹怀若. 我国激光企业全产业链并购绩效的研究[D]. 成都: 西南财经大学, 2019.

[58] 章日辉, 江洪, 叶茂. 新一轮科技革命下中国激光加工产业发展探究: 欧美比较视角[J]. 科技创业月刊, 2021, 34(5): 73-77.

[59] 朱茜. 浅析激光产业链如何助推人工智能产业发展: 以济南市为例[J]. 中国产经, 2020, 236(4): 115-116.
[60] 曹晨, 叶茂, 章日辉. 基于专利分析的全球光纤激光器产业技术研究[J]. 科技管理研究, 2020, 40(2): 201-206.
[61] 胡思思, 叶茂, 刘美蓉. 中国激光显示产业发展现状与趋势[J]. 未来与发展, 2018, 42(12): 16-22.
[62] 王诗才, 吕瑛. 我国制造业技术创新评价体系理论探索与实践[J]. 科学学与科学技术管理, 2007(1): 78-80.
[63] 陈瑶. 基于网络层次分析法的建筑企业技术创新指标评价体系研究[D]. 成都: 成都西华大学, 2014.
[64] 薛岩松, 卢福强. 基于随机层次分析法的纺织企业技术创新能力评价[J]. 工业技术经济, 2012(1): 113-119.
[65] 肖永红, 张新伟, 王其文. 基于层次分析法的我国高新区创新能力评价研究[J]. 经济问题, 2012(1): 31-34.
[66] 许志晋, 凌奕杰, 宋凤珍. 企业技术创新能力的模糊综合评判[J]. 科学学研究, 1997(1): 106-111.
[67] 赵玉林, 程萍. 中国省级区域高新技术产业技术创新能力实证分析[J]. 商业经济与管理, 2013(6): 77-85.
[68] 李文琴, 王佳, 李玲. 基于因子分析和聚类分析的技术创新能力研究: 以陕西省为例[J]. 技术与创新管理, 2014, 35(2): 103-108.
[69] 张经强. 区域技术创新能力评价: 基于因子分析法的实证分析[J]. 科技管理研究, 2010(5): 16-18.
[70] 杜君. 安徽省技术创新能力评价与提升研究[D]. 马鞍山: 安徽工业大学, 2011.
[71] 李艺. 基于因子分析和聚类分析法的安徽省城市技术创新能力评价[J]. 科技管理研究, 2013(15): 55-59.
[72] 李美娟, 陈国宏, 陈国龙. 基于灰色关联度的产业技术创新能力评价研究[J]. 山西财经大学学报, 2008(6): 51-57.
[73] SAATY T L. The analytic hierarchy process[M]. New York: Mcgraw Hill Company, 1980.
[74] SAATY T L, ALEXANDER J M. Thinking with models[M]. Oxford: Pergamon Press, 1981.
[75] 尹鹏, 杨仁树, 丁日佳, 等. 基于熵权法的房地产项目建筑质量评价[J]. 技术经济与管理研究, 2013(3): 3-7.
[76] 姜峰, 孙源, 秦玉琼. 基于 AHP 和熵权 TOPSIS 法的税收征管质量评估[J]. 数学的实践与认识, 2017, 47(18): 1-7.
[77] 新华日报. 江苏激光产业迈入高速发展新时期[EB/OL]. (2019-10-16)[2022-01-22]. http://xhv5.xhby.net/mp3/pc/c/201910/16/c696973.html.
[78] 智能制造网. 重磅! 中国激光产业大起底之产业政策篇[EB/OL]. (2021-04-15)[2022-01-22]. https://www.gkzhan.com/news/detail/131315.html.
[79] 蔡杨. 美国创新与竞争法案对我国有何影响[J]. 网络传播, 2021(6): 72-73.
[80] 孙浩林, 程如烟. 《2021 财年美国创新与竞争法案》将大幅增加美国研发投入[J]. 科技中国, 2021(10): 18-21.
[81] 孙频捷. 欧盟网络安全态势评估: 挑战、政策与行动[J]. 中国信息安全, 2021(12): 18-21.
[82] 机工情报. 日本加速立法 保障经济安全[EB/OL]. (2021-11-22)[2022-1-28]. https://weibo.com/ttarticle/p/show？id＝2309404706259063406949#_0.
[83] HACKENBROICH J. Protecting Europe from economic coercion: a European toolbox for countering economic coercion[EB/OL]. (2020-10-28)[2022-1-28]. https://www.doc88.com/p-90259421982613.html？r＝1.

附　　录

1　中国激光产业基地（园区）概况

城市	产业园/集群	简介
武汉及周边	东湖高新激光产业园	由湖北省联合投资发展集团有限公司投资、武汉东湖高新集团股份有限公司运营，目标是建成国际一流的激光产业基地。项目分4期开发，将建设研发、孵化、展示、交流、生活和商业配套、生产厂房和基础配套设施等。项目建成完全达产后，园区科工贸生产总值达100亿元
	中欧激光产业园	重点发展激光设备、机器人设计制造及光电子产品等激光应用产业链
	光谷激光科技园	科技园集孵化、研发、试验、生产于一体，依托武汉光谷航天三江激光产业技术研究院有限责任公司，打造湖北首条集高功率半导体激光芯片、量子点芯片、特种光纤和光纤光缆为一体的自主化激光产业链。目前以民用激光技术为主，优秀的研发成果未来将参与到国防军工建设中
	京山智能制造产业园	园区一期规划用地面积1550亩[①]，建筑面积80万 m^2，总投资68亿元
	武汉光电工业技术研究院有限公司光电创新园	光电创新园总用地面积100亩，分为两期开发。入驻企业以健康光电子、能源光电子、信息光电子和工业光电子等产业领域为核心，主要从事光电方面的实验、研究、生产等
长春	长春先进激光智造园	由南京中科煜宸激光技术有限公司投资，落位于长春新区
沧州	沧州激光产业园	先后自长三角、珠三角和湖北武汉引入华工科技、苏州领创等20余组拥有自主知识产权和核心技术的激光及高端智能装备项目。2016年，园区产值达38亿元；致力于手机外壳喷印LOGO、矿泉水瓶身加刻二维码、汽车车身的焊接、高铁零部件的切割等领域
常州	智造魔坊	以常州市科教城管理委员会、深圳恒益大通投资控股集团有限公司、英诺激光科技股份有限公司三方合作的"智造魔坊"项目为契机，将在常州市打造一个100亿级的智能激光微加工生态圈
无锡	无锡惠山光电科技产业园	发展工业应用类和医疗应用类激光产业，主要涉及激光及光电子、太阳能光伏、光源光电、智能系统等多个领域
宿迁	宿迁激光产业园	于2016年启动，总规划面积2.2 km^2，目前已入驻华工激光、凯普林光电等国内知名企业近百家
温州	浙江省温州激光与光电产业创新服务综合体	立足本地资源条件，基本形成以激光技术与应用、光电能源、LED照明、光通信为特色的产业链
鞍山	鞍山激光产业园	产业园入园企业超过240家，已有190家企业投入生产运营，带动激光元器件、光通信、智能终端、智能制造、LED和软件开发应用等六大板块快速发展，产业特征日渐清晰，产业链条更趋完整
深圳	大族激光全球智能制造基地	大族激光全球智能制造基地项目是深圳市十五个重中之重的工业项目。项目总投资达51.7亿元，用地面积10万 m^2，建筑面积约40万 m^2；目前已投入使用，极大解决了部分产线场地不足的问题

[①] 1亩 ≈ 666.7 m^2。

续表

城市	产业园/集群	简介
长沙	长沙经济技术开发区	重点建设以工程机械等先进装备制造业为主的智能制造产业示范区，以汽车及零部件为主的汽车产业集聚区，以集成电路产业为主的电子信息产业集聚区（辐射星沙产业基地）。以智能制造为核心、工业互联网为主要支撑，重点围绕智能装备、智能生产、智能服务等领域，提升三大主导产业及新兴产业领域的智能制造整体水平
	长沙高新技术产业开发区	重点建设以智能装备制造为主的智能制造产业示范区和"互联网产业聚集区"、军民融合创新示范区。以智能制造和互联网为主的新一代电子信息、军民融合为抓手，做强先进装备制造、电子信息、新材料、生物医药、新能源与节能环保等优势产业和移动互联网、军民融合等战略型新兴产业
	国家级浏阳经济技术开发区	重点建设以生物医药为主的智能制造示范区，以智能终端为主的电子信息产业智能制造基地，实现生产过程的智能化
	国家级望城经济技术开发区	重点建设以有色金属精深加工为主的智能制造产业示范区，以"大智移物云"为主的电子信息特色产业智能制造基地，做大做强有色新材、电子信息产业
	长沙雨花经济开发区	重点建设以机器人和新能源汽车为主的智能制造产业基地
	长沙天心经济开发区	重点建设以太阳能光伏装备制造和现代医药物流为主导的智能制造产业基地（辐射湖南暮云经济开发区）。打造以微电子、太阳能光伏产品及设备、太阳能光伏电站、LED、磁性材料、新型储能节能材料和特种传感器等技术为主的新能源产业园
	浏阳高新技术产业开发区	重点建设以高端智能装备、传感物联网为主的智能制造产业示范区。以传感物联网产业为主导，打造智能装备制造产业集群。依托传感物联网龙头企业，带动高档数控机床、焊接机器人、智能物流装备等成套装备产业的发展
南京	南京智能制造产业园	以原有的轨道交通、新能源汽车、新材料等战略性新兴产业为基础，围绕智能制造重点领域发展，突出智能制造产业导向，推动产业升级和产业集聚，明确以智能交通、智能装备、智能数控、新材料为主导的发展方向
成都	天府智能制造产业园	电子信息：重点发展消费电子产品、传感控制、通信终端设备、光电显示、计算机整机及零部件，推动物联网应用开发、可穿戴设备、数字内容等增值服务。智能家居：重点发展研发设计、定制家具、绿色装饰装修材料、智能家电及系统集成
台州	台州光电产业园	一期工程已经完工投入使用，总投资20亿元，用于手机、相机、LED等相关元器件产业发展；二期建筑面积69796.5 m^2，拟用于光学冷加工、3D成像、AR等新型显示相关业务的发展；三期建筑面积113816 m^2，拟用于反光材料、3D成像光学、高端设备等业务的发展
昆山	昆山光电产业园	主导产业：TFT-LCD液晶面板、玻璃基板、平板电视 配套产业：半导体、彩色滤光片、驱动IC、偏光板、背光源组件等
重庆	重庆光电科技产业园	总投资5亿元，目前已启动230亩示范工程建设
	重庆3D打印快速智造创新中心	致力于形成全国3D打印数字智造产业化示范基地,由永川区与包括快速制造国家工程研究中心在内的15家机器人及智能装备企业、研发机构集中建设
沈阳	沈阳光电信息产业园	重点发展信息光电子、能源光电子、激光装备制造、软件及信息服务业等产业
渭南	渭南增材制造创新中心产业园	当地与西北工业大学合作成立"陕西增材制造（3D打印）研究院"，重点发展以金属材料为主的3D打印技术,并与西安交通大学共享快速制造国家工程研究中心，开展非金属领域3D打印技术研发应用,引进转化西安交通大学医学矫正设计制造等多项科研成果；拥有激光成型、创新创意、成果孵化、医疗康复等7个平台中心

续表

城市	产业园/集群	简介
杭州	萧山区闻堰3D小镇	以3D产业总部、研发、制造为核心功能的核心区,以汽车零配件、电子信息等产业为主的拓展区,以科技社会、社区商业、商贸会展为核心的配套服务区
上海	松江新兴产业园	园区已汇聚20多家3D打印相关企业,在材料研发、设备制造、虚拟仿真、平台运营及行业应用等领域上下游形成集聚发展
江门	江门市蓬江激光产业园	布局三十余个项目,其中包含激光产业园、海目星激光装备项目、科业电器项目、安捷电商产业园项目等代表项目
济宁	山东贝诺激光工业智能制造产业园	以意大利EL. EN. 激光、温州奔腾激光、武汉楚天激光等企业为龙头,带动工业激光、医疗激光、航天激光等领域及精密仪器、电气设备、智能装备等领域企业入驻
扬州	扬州激光产业园	一期在西安交通大学扬州科技园内,将以大功率半导体激光器及激光照明产业化为首期建设目标,并分批次建设涵盖固态激光雷达、激光医疗、激光照明和显示、激光检测等8个研发实验室。与企业共建成立涵盖半导体激光光源、智能制造、激光医疗仪器和监控成像的4个产业研发中心
禹城	一体化激光产业园	计划投资1亿元建设一体化激光产业园,生产用于激光武器、美容医疗、航空航天等领域的DKDP晶体毛坯、激光器材等
淄博	齐鲁激光共享产业园	齐鲁激光共享产业园以打造中国北方地区首席高端激光智能产业集群、引进材料加工与光刻、仪器仪表与传感器、科研与军事、娱乐显示与打印、医疗与美容、通信与光储存行业为目标,建立激光交易基地。通过产业链内多家上下游关联企业、激光产业生产商、销售商的聚合发展,共同拉动产业园的整体化建设和品牌化提升
绵阳	绵阳激光产业园	四川省绵阳市游仙高新区北区的激光产业基地项目,建设用地面积544亩,总投资约30亿元,全面建成达产后预计年产值30亿元,可提供就业岗位约500个。该基地正在加紧建设中,主要包含实验室、研发中心、厂房、配套设施等,将打造成关键核心技术自主可控、激光装备一流的产业基地

2 中国激光产业链全景图

激光产业链上游分布及代表企业

代表企业	所在地	主营业务
福建福晶科技股份有限公司	福建福州	激光晶体与元器件
长春奥普光电技术股份有限公司	吉林长春	激光晶体与元器件
浙江水晶光电科技股份有限公司	浙江杭州	激光晶体与元器件
青岛海泰光电技术有限公司	山东青岛	激光晶体与元器件
成都东骏激光股份有限公司	四川成都	激光晶体与元器件
北京大方科技有限责任公司	北京	工业气体
大连大特气体有限公司	辽宁大连	工业气体
成都科源气体有限公司	四川成都	工业气体
海特光电有限责任公司	北京	半导体材料
浙江合波光学科技有限公司	浙江平湖	半导体材料
中国电子科技集团公司第四十六研究所	天津	半导体材料
先锋科技（香港）股份有限公司	香港	半导体材料
长飞光纤光缆股份有限公司	湖北武汉	激光光纤
武汉睿芯特种光纤有限责任公司	湖北武汉	激光光纤
锐光信通光电科技有限公司	浙江慈溪	激光光纤
深圳市安众电气有限公司	广东深圳	激光电源
山东镭之源激光科技股份有限公司	山东济南	激光电源
深圳市华鹏艾伟科技有限公司	广东深圳	激光电源
深圳德康威尔科技有限公司	广东深圳	控制系统软件
深圳市优尔数控软件有限公司	广东深圳	控制系统软件
上海康赛制冷设备有限公司	上海	水冷设备

激光产业链中游分布及代表企业

代表企业	所在地	主营业务
武汉锐科光纤激光技术股份有限公司	湖北武汉	光纤激光器
深圳市创鑫激光股份有限公司	广东深圳	光纤激光器
深圳市杰普特光电股份有限公司	广东深圳	光纤激光器
深圳联品激光技术有限公司	广东深圳	光纤激光器
广东华快光子科技有限公司	广东中山	光纤激光器
福建中科光汇激光科技有限公司	福建福州	光纤激光器
中电晶锐（天津）激光科技有限公司	天津	CO_2激光器
北京大威激光科技有限公司	北京	CO_2激光器
大通激光（深圳）有限公司	广东深圳	CO_2激光器
武汉光谷科威晶激光技术有限公司	湖北武汉	CO_2激光器
北京热刺激光技术有限责任公司	北京	半导体激光器
西安炬光科技股份有限公司	陕西西安	激光器抽运源
苏州长光华芯光电技术股份有限公司	江苏苏州	半导体激光器
深圳瑞波光电子有限公司	广东深圳	半导体激光器
江苏中科四象激光科技有限公司	江苏丹阳	半导体激光器
北京国科世纪激光股份有限公司	北京	固态激光器
武汉华日精密激光电子有限公司	湖北武汉	固态激光器
山东华光光电子股份有限公司	山东济南	固态激光器
北京中科思远光电科技有限公司	北京	固态激光器
台州市杰天启激光科技有限公司	浙江台州	固态激光器
北京瓦科光电有限公司	北京	固态激光器
北京拓普光研科技发展有限公司	北京	其他激光器

激光器

光纤激光器: Raycus, FEIBO, ZKZM 中科中聚, MAX 朗光四圆, 华快 Guoke, 华烁 HUAKUAI, Mchlight, monics, comait, OPTON, YSL Photonics, Hongtuo, AFR Advanced Fiber Resources, 卓镭激光 GRACE LASER, ANRAY 安瑞昌, 中科兴汇 CAS LASER, CETC 中电晶锐, JPT Electronic, BALSSLASERS, 天星激光 CETC TXSTAR

CO_2激光器: DAVI LASER, CRD 南京昊锐镭晶, 永利 Yongli, CWG 韵晶晶, ACCESS LASER, 微深科技, red, LA-SEA, EFR 埃伯尔激光, FOCUSLIGHT 华普光电, HAN'S TCS 大族复合半导体, BWT, 中科四圆 MAX, 卓科 ZKSK LASER, Guoke, Tech CHINA, Centuryon 武汉森普拓光电, Guoke LASER, Rrays HUANC, 源晶光电 HTOE, 瑞波光电 BAYDEN OPTO, Lumcore, ReaiLight

半导体激光器: EverBright, FOCUSLIGHT, HAN'S TCS, BWT BEIJING

固态激光器: Huaray, LIMO, ZKZM 中科中聚, wavicle laser, Zolix 卓立汉光, ZKSK LASER, 连光, LAIZE, 北京莱泽光电, 瓦科光电, Guoke, TQE LASER 天启激光, LASER, 中科思远

其他激光器: PulsePower 脉动科技, TOP Photonics 拓普光研, AURNION TECH 奥瑞光, SPL, BIOET, Mtracle Photonics 菁速

激光产业链下游分布及代表企业

代表企业名称	所在地	主营业务
大族激光科技产业集团股份有限公司	广东深圳	激光加工装备
武汉华工激光工程有限责任公司	湖北武汉	激光加工装备
深圳迪能激光科技股份有限公司	广东深圳	激光加工装备
江苏亚威机床股份有限公司	江苏扬州	激光加工装备
大恒新纪元科技股份有限公司	北京	激光加工装备
广东正业科技股份有限公司	广东东莞	激光加工装备
杭州巨星科技股份有限公司	浙江杭州	激光测量
武汉海达数云技术有限公司	湖北武汉	激光测量
上海禾赛光电科技有限公司	上海	激光雷达
北京北科天绘科技有限公司	北京	激光雷达
广州中海达卫星导航技术股份有限公司	广东广州	激光雷达
中国电子科技集团公司第三十四研究所	广西桂林	光通信
武汉光迅科技股份有限公司	湖北武汉	光通信
苏州天孚光通信股份有限公司	江苏苏州	光通信
青岛海信电器股份有限公司	山东青岛	激光显示
中视迪威激光显示技术有限公司	四川绵阳	激光显示
深圳市光峰光电技术股份有限公司	广东深圳	激光显示
武汉奇致激光技术股份有限公司	湖北武汉	激光医疗设备
吉林省科英激光股份有限公司	吉林长春	激光医疗设备
湖南华曙高科技股份有限公司	湖南长沙	增材制造
先临三维科技股份有限公司	浙江杭州	增材制造
西安铂力特增材技术股份有限公司	陕西西安	增材制造